barcelona vertical

Søren Berenguer

"L'originalitat consisteix en tornar a l'origen"

"La originalidad consiste en volver al origen"

"Originality consists in returning to the origin"

"L'originalité consiste à revenir aux origines"

Antoni Gaudí

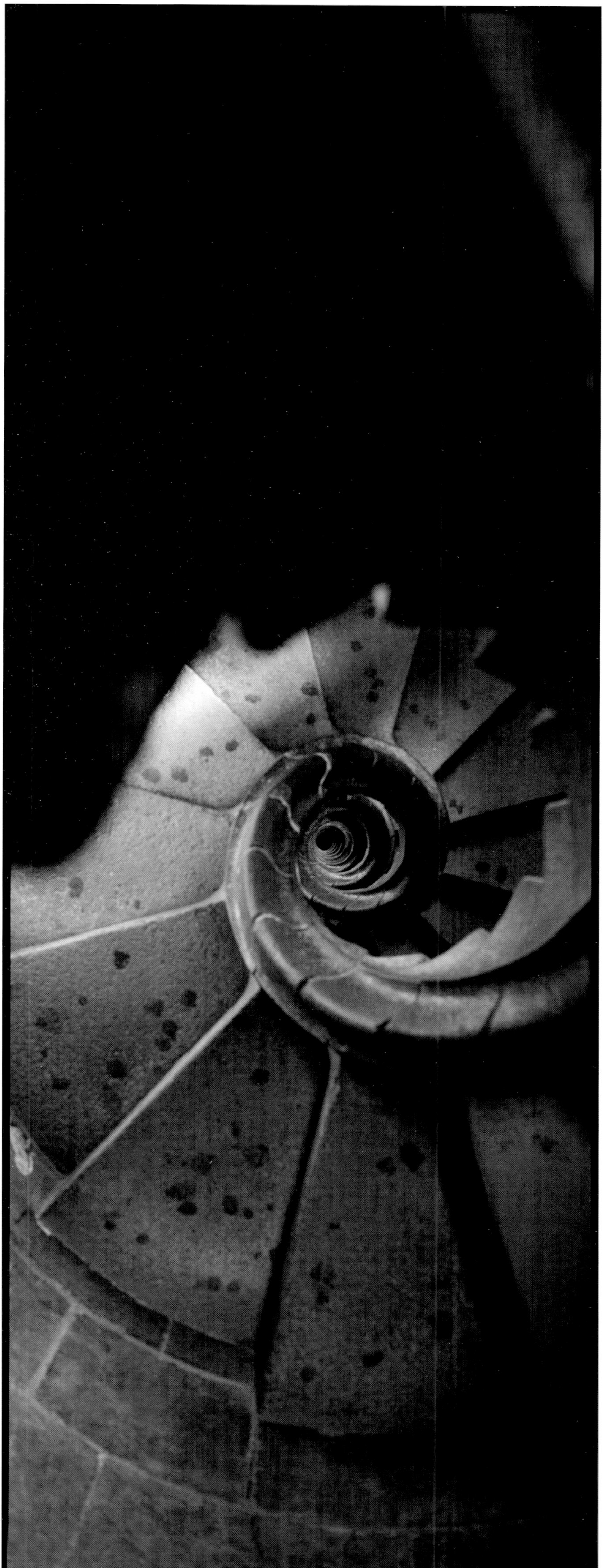

La ciutat no té horitzó. El va perdre. Potser quan vàren construir les muralles. L'horitzó pertany al paisatge, pero Barcelona ho vol tot: el cel i la terra, el mar i la muntanya.

El format panoràmic es va crear a l'adaptar-se la fotografía al paisatge natural, on la bellesa és infinita i la mirada es recrea fins a perdre's. Una panoràmica a mida de la natura es inabastable, equilibrada, i estable, però la urbs es el refugi d'aquesta mateixa natura, en la qual l'home es protegeix i reconstrueix la bellesa, a la seva manera, perdent de vista l'horitzó natural.

El paisatge urbà reclama un format oposat. Dinàmic, inestable i enèrgic. Dramàtic. Un format els limits del qual siguin les seves virtuts, i les seves muralles la seva força. Era necessari fer-li un gir a la fotografía panoràmica per adequar-la a la ciutat. Davant la impossibilitat d'un horitzó, vaig resoldre donar-li la volta al format. Literalment.

La panoràmica vertical aporta un marc de longitud cinematogràfica i perspectiva gairebé aèria. L'ascensió que implica en l'espectador, produeix la impressió d'estar suspès i la il·lusió de sobrevolar el subjecte fotogràfic. L'horitzó i la perspectiva visual deixen d'estar integrats i la dificultat d'abastar la imatge provoca una activitat desacostumada de la mirada per reconèixer-la i interpretar-la, originant una fotografia més narrativa que la de l'enquadrament clàssic.

L'esperit de Barcelona és vertical, vol estar a dalt i a baix a l'hora, és una ciutat antagònica i contradictòria, antiga i moderna, burgesa i obrera, tradicional i avantguardista, i precisava d'un format que abracés els extrems, cel i terra, en un mateix enquadrament. Si la càmera és l'instrument que ens ensenya a mirar d'una altra manera, l'aventura d'observar la ciutat a través de l'ull de pany d'un estret marc vertical ens obliga a veure-la amb altres ulls. Com l'àlbum de viatge -vertical- d'un Barceloní que hagués oblidat ser-ho...

Barcelona és bella encara que sovint oblida els seus propis encants perseguint el fulgor d'una vana modernitat. Una ciutat fragorosa, el caos de la qual no ha d'impedir-nos escoltar la seva bellesa... Si la rutina ens encega, hem de tornar a il·luminar la mirada enfocant-la en l'essencial. La ciutat ens mostra el seu encís mentre el nostre ritme és pas i no carrera, i el camí importa més que la meta. En el moment en què ens deixem sorprendre de nou per convertir-nos en exploradors d'ulls nets i enlluernats, es revela l'actitud de cerca i descobriment, de meravellar-se i sorprendre's. Amb aquest esperit vertical es va elaborar aquesta sèrie fotogràfica durant anys: Un recorregut a la recerca de la bellesa de Barcelona, aïllant-la com un tresor en el silenci del Blanc i Negre, el color del passat i la memòria. Perquè qui no percep la bellesa està condemnat a destruir-la... Escoltem la bellesa!

Søren Berenguer

La ciudad no tiene horizonte. Lo perdió. Quizás cuando construyeron las murallas. El horizonte pertenece al paisaje, pero Barcelona lo quiere todo, el cielo y la tierra, mar y montaña.

El formato panorámico fue concebido al adaptarse la fotografía al paisaje natural, donde la belleza es infinita y la mirada se recrea hasta perderse. Una panorámica a medida de la naturaleza es inabarcable, estable y equilibrada. Pero la urbe es el lugar donde el hombre se refugia de esa misma naturaleza, y reconstruye la belleza, a su manera, sin el horizonte natural.

El paisaje urbano reclama un formato opuesto: dinámico, enérgico e inestable. Dramático. Un formato cuyos límites sean sus virtudes, sus murallas, su fuerza. Era necesario darle un giro a la fotografía panorámica para adecuarla a la ciudad. Ante la imposibilidad de horizonte, concluí darle la vuelta al formato. Literalmente.

El formato vertical aporta un marco de longitud cinematográfica y perspectiva casi aérea. La ascensión que implica en el espectador, crea la impresión de estar suspendido y la ilusión de sobrevolar el sujeto fotográfico. El horizonte y la perspectiva visual dejan de estar integrados y la dificultad de abarcar la imagen provoca una actividad desacostumbrada en la mirada para reconocerla e interpretarla, originando una fotografía más narrativa que la de encuadre clásico.

El espíritu de Barcelona es vertical, quiere estar arriba y abajo a la vez, es una ciudad antagónica y contradictoria, antigua y moderna, burguesa y obrera, tradicional y vanguardista, y precisaba un formato que abrazara los extremos, cielo y tierra, en un mismo encuadre. Si la cámara es el instrumento que nos enseña a mirar de otro modo, la aventura de observar la ciudad a través del ojo de cerradura del estrecho marco vertical nos obliga a verla con otros ojos. Como el álbum de viaje -vertical- de un Barcelonés que hubiese olvidado serlo...

Barcelona es hermosa aunque a menudo olvida sus propios encantos persiguiendo el fulgor de una vana modernidad. Una ciudad estruendosa, cuyo caos no debe impedirnos escuchar su belleza... Si la rutina nos ciega, hemos de volver a iluminar la mirada enfocándola en lo esencial. La ciudad nos muestra su hechizo mientras nuestro ritmo sea paso y no carrera, y el camino importe más que la meta. En el momento en que nos dejamos sorprender convirtiendonos en exploradores de ojos limpios y maravillados, se revela de nuevo la actitud de busqueda y descubrimiento, de asomarse y asombrarse. Con este espíritu vertical se elaboró esta serie fotográfica durante años: Un recorrido a la busqueda de la belleza de Barcelona, aislándola como un tesoro en el silencio del Blanco y Negro, el color del pasado y la memoria. Porque quien no percibe la belleza está condenado a destruirla... ¡Escuchemos la belleza!

Søren Berenguer

La ville n'a pas d'horizon. Elle l'a perdu. Peut-être quand ils ont construit les murailles. L'horizon appartient au paysage, mais Barcelone veut tout, ciel et terre, mer et montagne.

Le format panoramique a été conçu pour adapter la photographie au paysage naturel, où la beauté est infinie et le regard se perd dans la contemplation. Ce panorama photographique à la mesure de la nature ne peut être embrassé par le regard, il est stable et équilibré. Mais la grande ville est le lieu où l'homme trouve refuge de cette même nature, pour reconstruire la beauté à sa manière, sans horizon naturel.

Le paysage urbain a besoin d'un format opposé : dynamique, énergique et instable. Dramatique. Un format dont les limites sont les vertus, ses murailles, sa force. Il était nécessaire de détourner la photographie panoramique pour l'adapter à la ville. Devant l'impossibilité de l'horizon, je me suis donc décidé à retourner le format. Littéralement.

Le panorama vertical apporte un cadre d´amplitude cinématographique et perspective quasi aérienne. L'ascension qu'il induit chez le spectateur nourrit l'impression d'être suspendu, et l'illusion de survoler le sujet photographique. Horizon et perspective visuelle cessent d'être intégrés, tandis que la difficulté de comprendre l'image provoque une grande activité du regard pour la reconnaître et l'interpréter, créant une photographie plus narrative que celle issue d´un cadrage classique.

L'âme de Barcelone est vertical, veut être en-haut et en bas en même temps; c'est une ville antagoniste et contradictoire, ancienne et moderne, bourgeoise et ouvrière, traditionnelle et avant-gardiste, ayant besoin d'un format qui comprenne ces extrêmes, le ciel et la terre, au sein d´un même cadre. Si l´appareil photographique est l'instrument nous enseignant à regarder autrement, l´aventure d´observer la ville à travers l'oeil de serrure de l´étroit cadre vertical nous oblige à la voir avec d'autres yeux. Comme l'album de voyage - vertical - d'un Barcelonais qui aurait oublié l'être...

Barcelone est belle, bien qu'elle oublie souvent ses propres charmes en poursuivant l'éclat d'une modernité vaine. Une ville fracassante, dont le chaos ne doit pas nous empêcher d'écouter la beauté... Si la routine nous aveugle, nous devons recommencer à illuminer notre regard en le dirigeant vers l'essentiel. La ville nous montre son charme si notre rythme est au pas, non à la course, et le chemin importe plus que le but. Au moment où nous nous laissons surprendre à nouveau, pour redevenir des explorateurs munis d'yeux propres et émerveillés, l'attitude de recherche et de découverte se révèle alors. C´est dans cet esprit, vertical, que cette série photographique a été élaborée sur plusieurs années. Un parcours à la recherche de la beauté de Barcelone, l'isolant comme un trésor dans le silence du Blanc et du Noir, la couleur du passé et de la mémoire. Parce que celui qui ne s'aperçoit pas de la beauté est condamné à la détruire... Écoutons la beauté!

Søren Berenguer

The city has no horizon. It has lost it. Maybe since medieval walls were built. The horizon belongs to the natural scenery, but Barcelona wants everything: sky and earth, sea and mountain.

The panoramic format was created to adapt photography to the natural scenery, where beauty is infinite and the gaze revels in getting lost. This panorama following nature is boundless, stable and balanced. But the metropolis is the place where man seeks shelter from that very nature, to reconconstruct its beauty, once deprived of a natural horizon.

Urban landscape called for an opposite format: energic and dramatic. A format which would turn its limits into virtues, walls, strengths. It was worth to try and give a twist to the panoramic composition, to adapt it to the city. Faced with the impossibility of a horizon, the format had to be turn round. Literally. Utilizing the panoramic camera, the photographer's vision has been turned by this synthesis of the urban perspective with the natural format of the landscape. The energy of this union brings a dynamic and unstable compositional form: The vertical panorama.

The vertical panoramic has a cinematographic length and almost aerial perspective. The inward rise it creates on the viewer produces the impression of being suspended, as well as the illusion of flying over the subject. The horizon and the visual perspective no longer are integrated, while the difficulty of seizing the whole image at once causes great visual activity just to recognize and interpret it, thereby enhancing its narrative quality more than in a classical landscape framing.

Barcelona has indeed a vertical soul that wants to go above and below simultaneously, have the sky and the ground, the sea and the mountain. A contradictory city, almost antagonistic: bourgeois and working-class, ancient and modern, traditional and avant-garde, that needs a format able to hold those extremes on the same photographic frame. If the camera is a tool for learning how to see without it, the adventure of looking at the city through the "keyhole" of a narrow vertical frame shows us to see it with different eyes. Like the vertical travel book of a Barcelona inhabitant... who would have forgotten he has been one.

Barcelona is beautiful, although it often forgets its own charms, seeking the limelight of a vain modernity. A deafening city, whose chaos should not prevent us from listening to its beauty... When blinded by routine, we must illuminate our eyes again, focusing on the essential. The city will show us its beauty if our pace is a step and not a career, and path matters more than destination. At the moment we allow ourselves to be surprised again, to become explorers with clean, wonder-struck eyes, the attitude of research and discovery can then be revealed again. In such a "vertical" spirit, this series has been created during years. A photographic pursuit of the city's beauty, seeking to extract a moment of silent grace within the noisy chaos of the modern life, freezing time like a treasure in the silence of Black and White, the color of the past and memories. Because those who do not perceive beauty are doomed to destroy it... Let's listen to the beauty!

Søren Berenguer

index

Al meu avi,

que em descobrí la ciutat

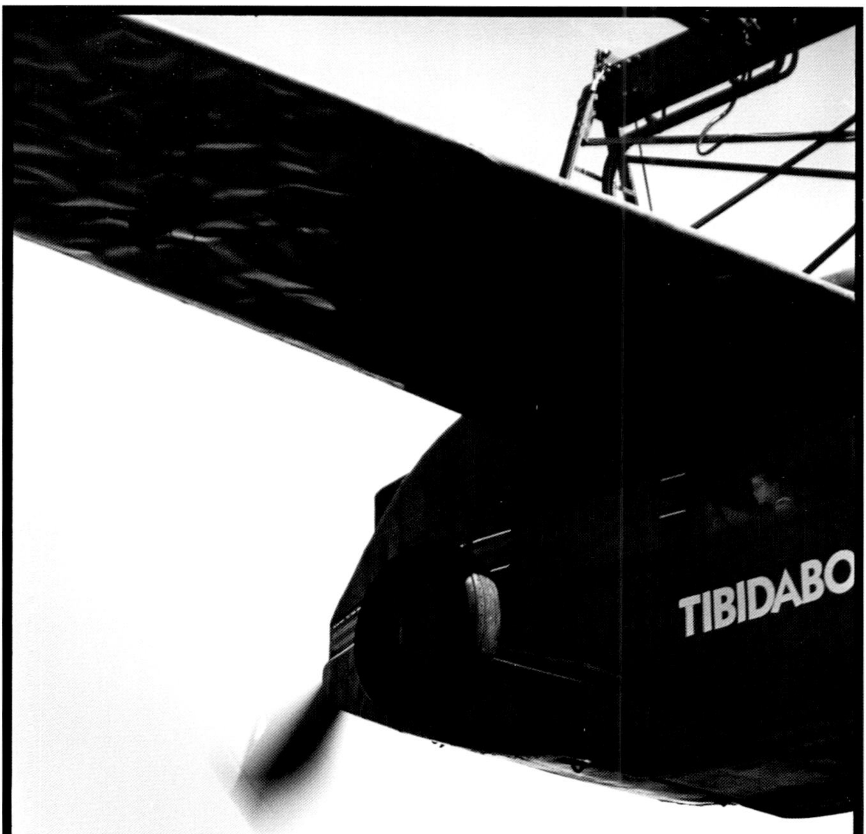

barcelona vertical

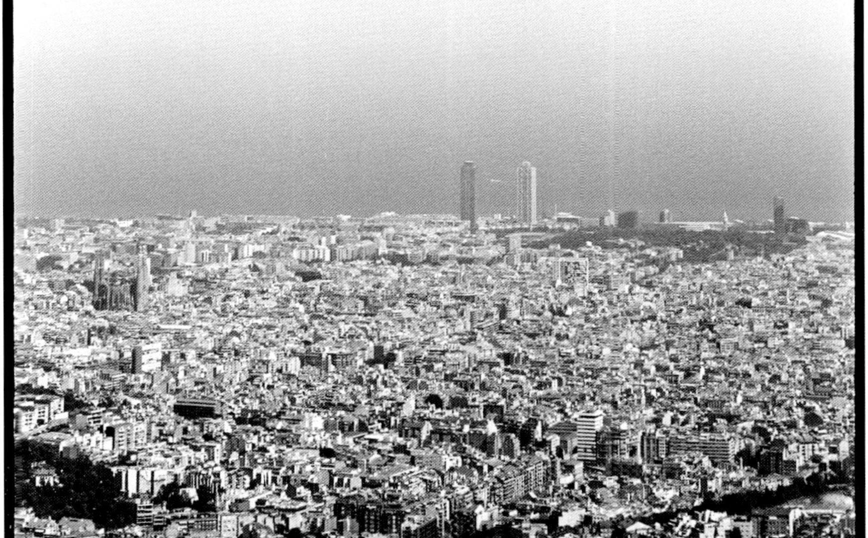

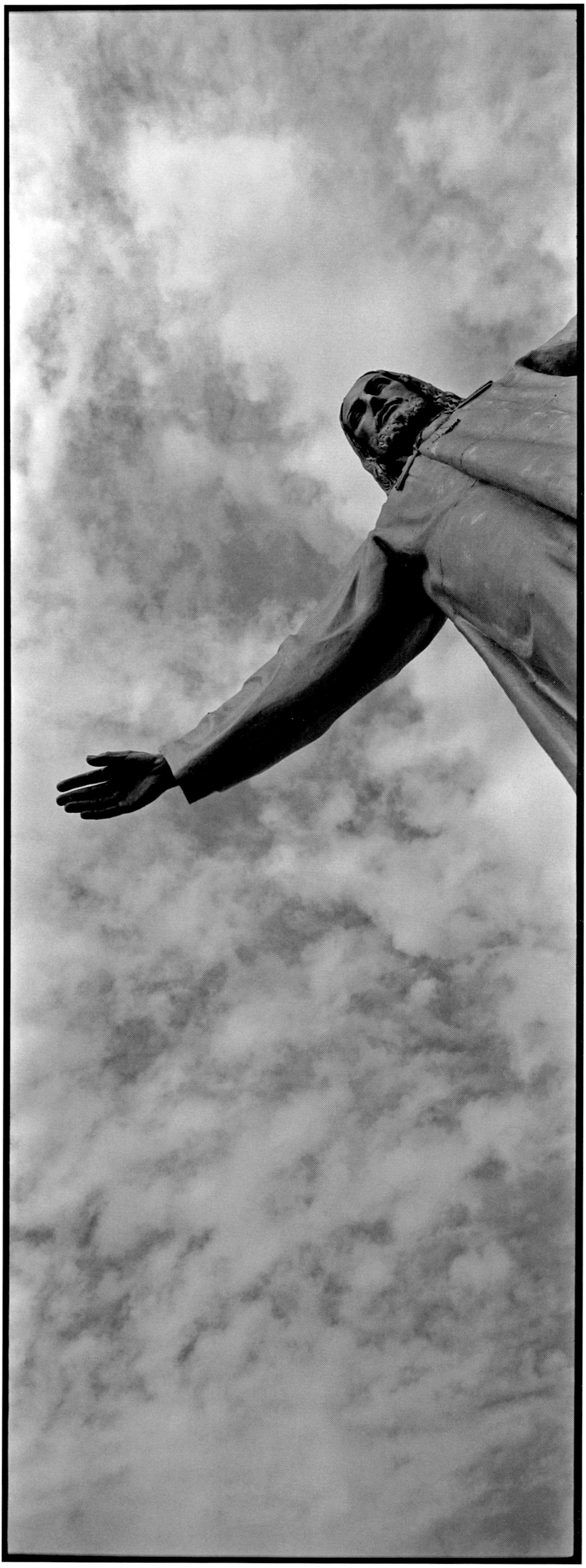

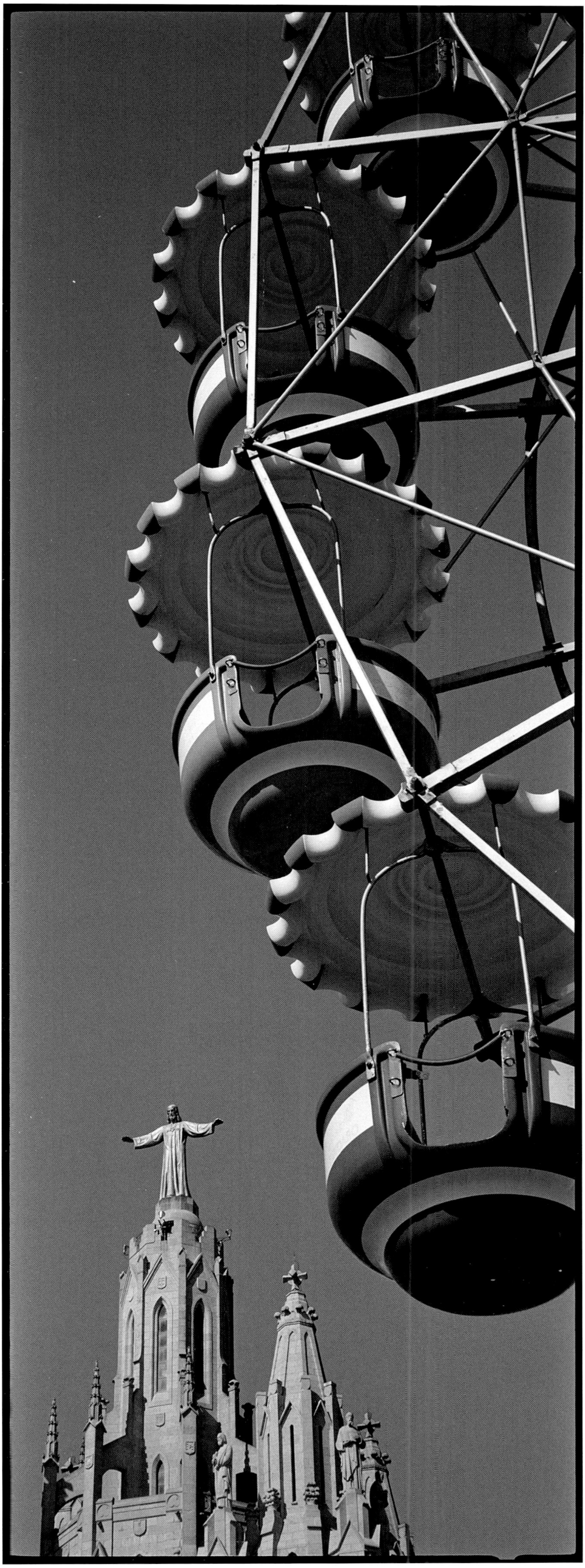

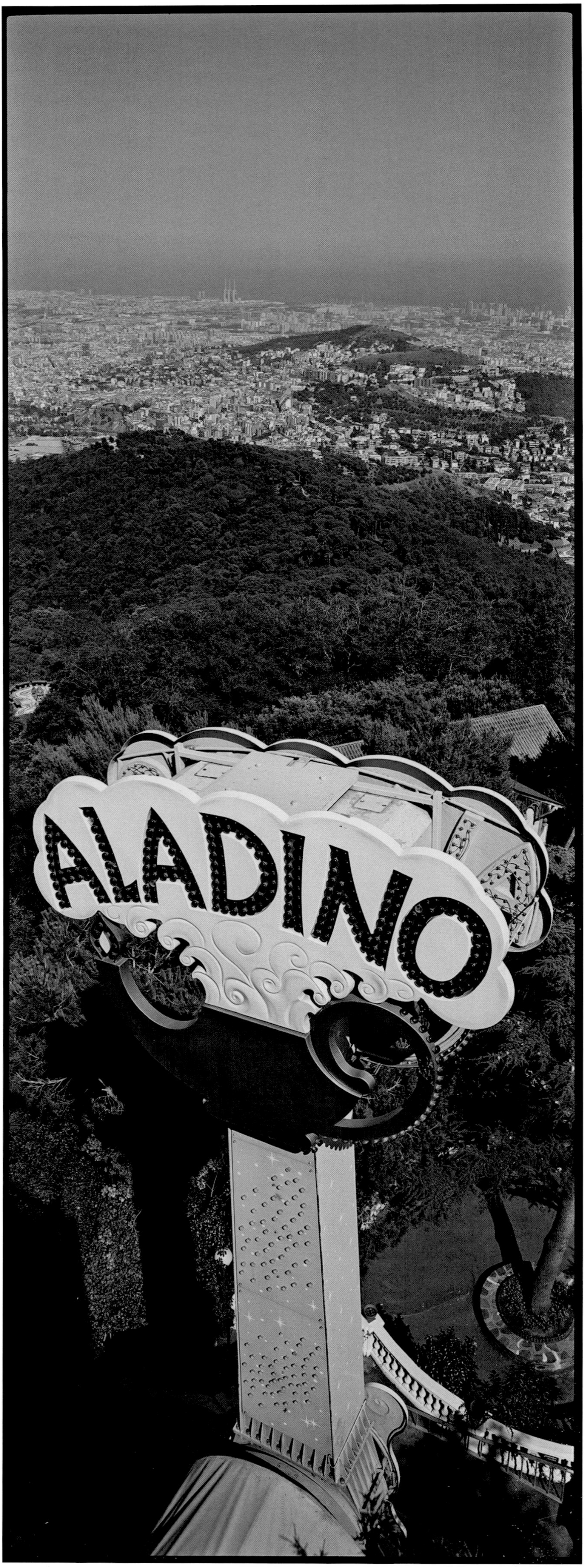
ALADINO

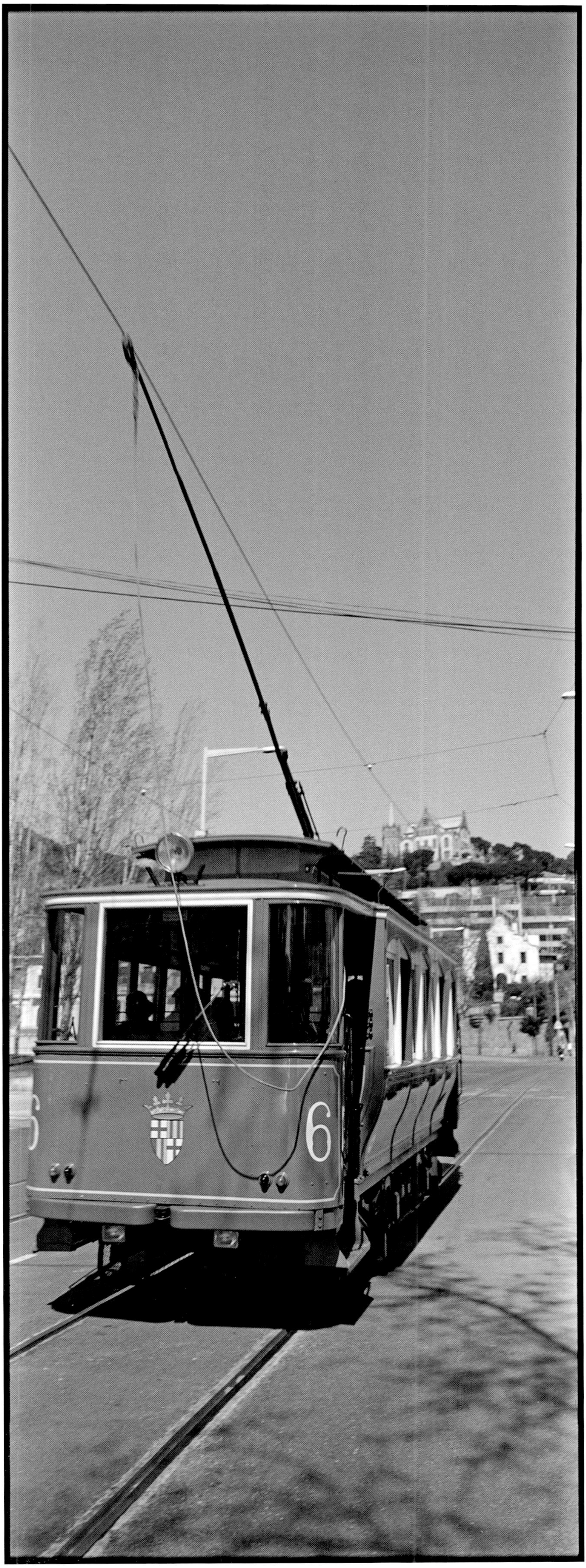
6
6

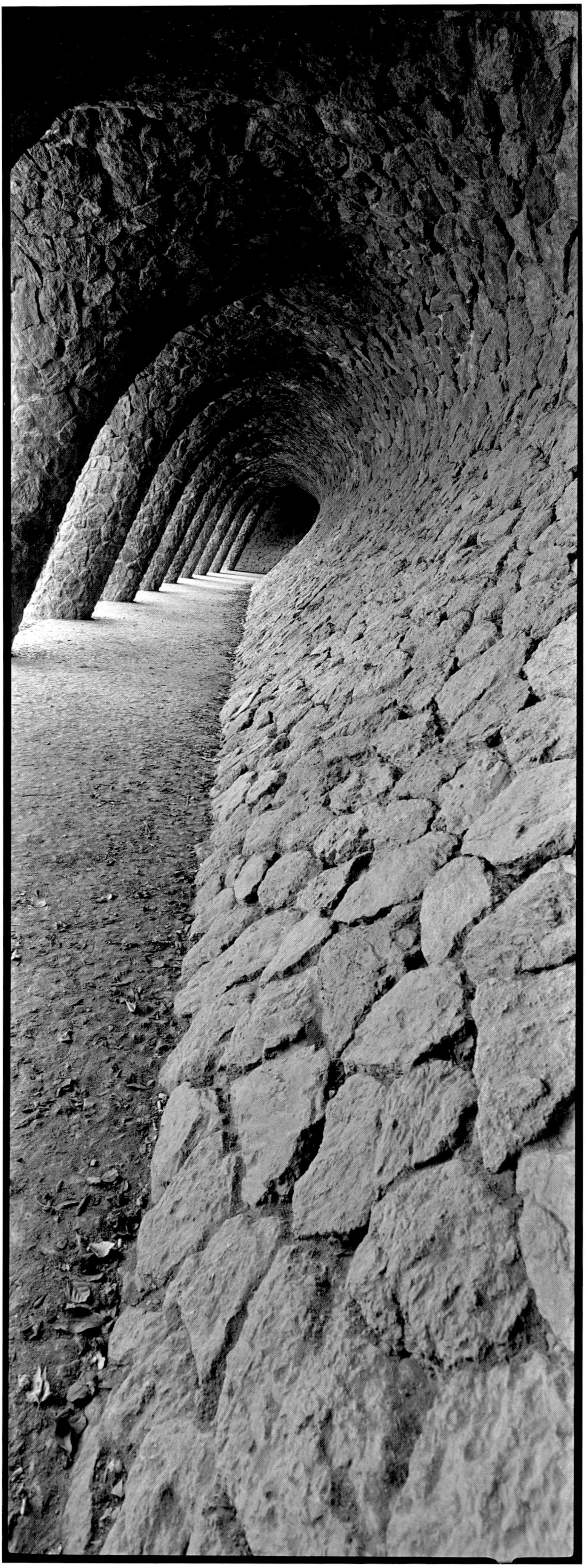

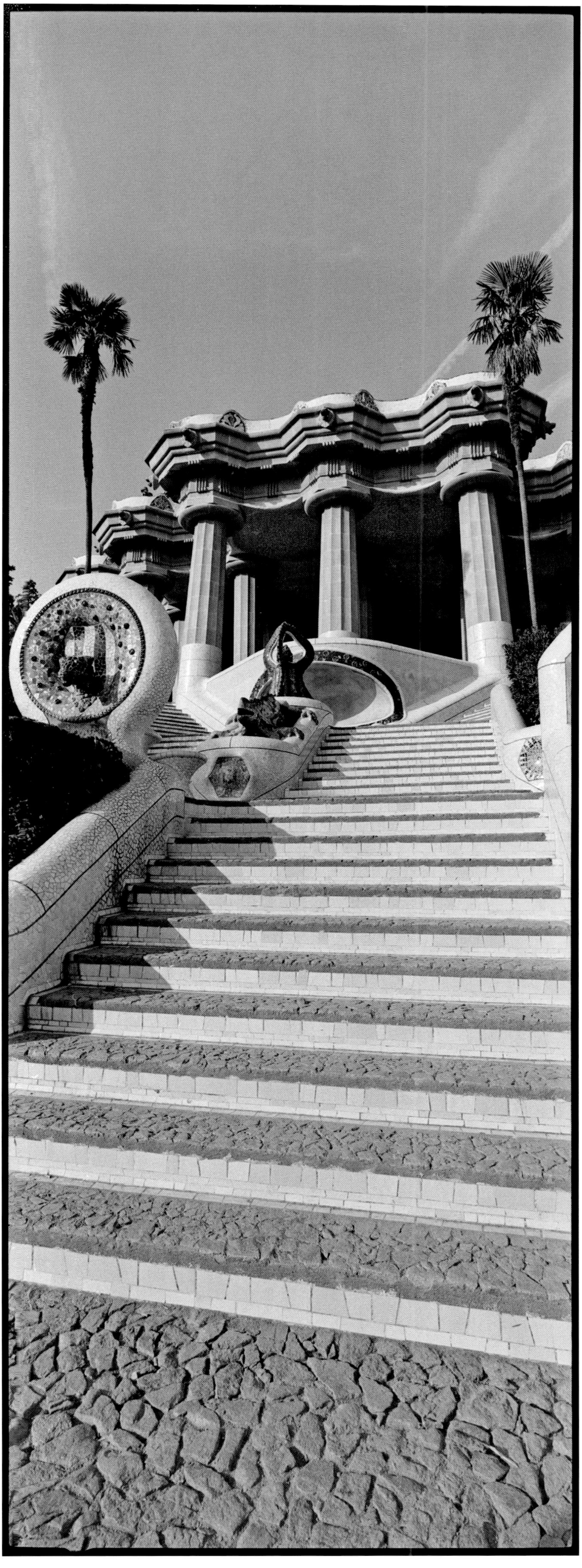

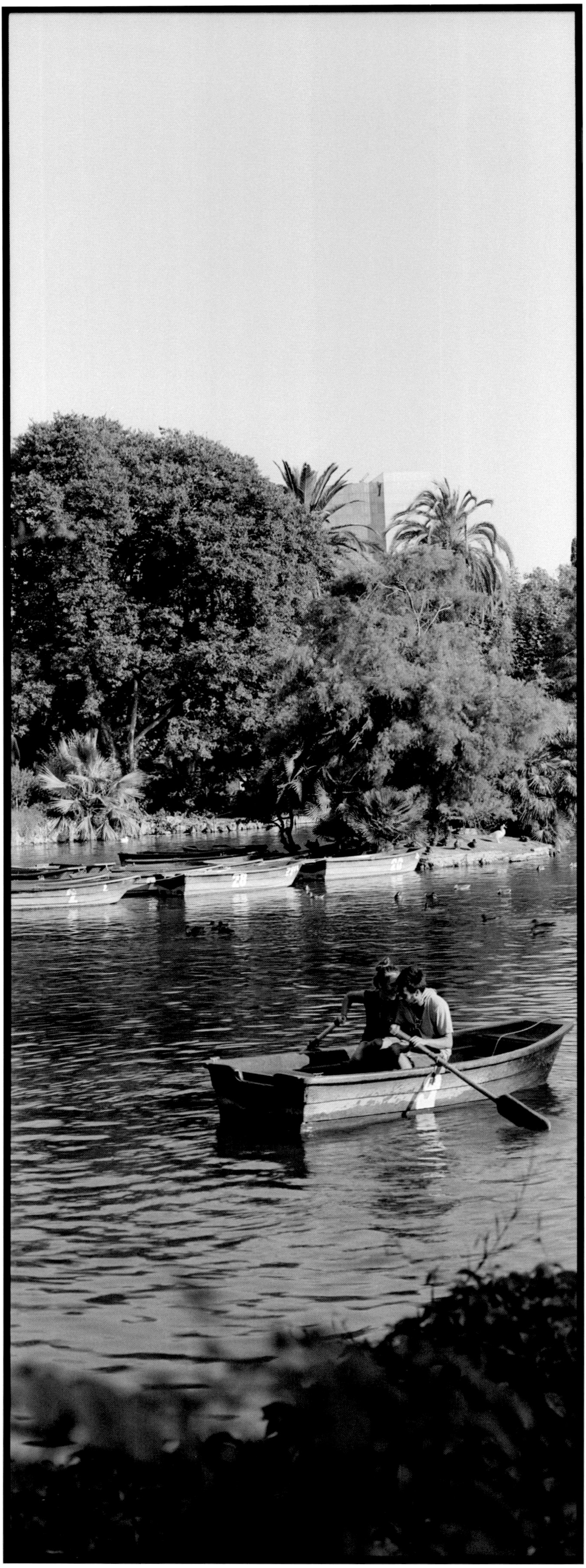

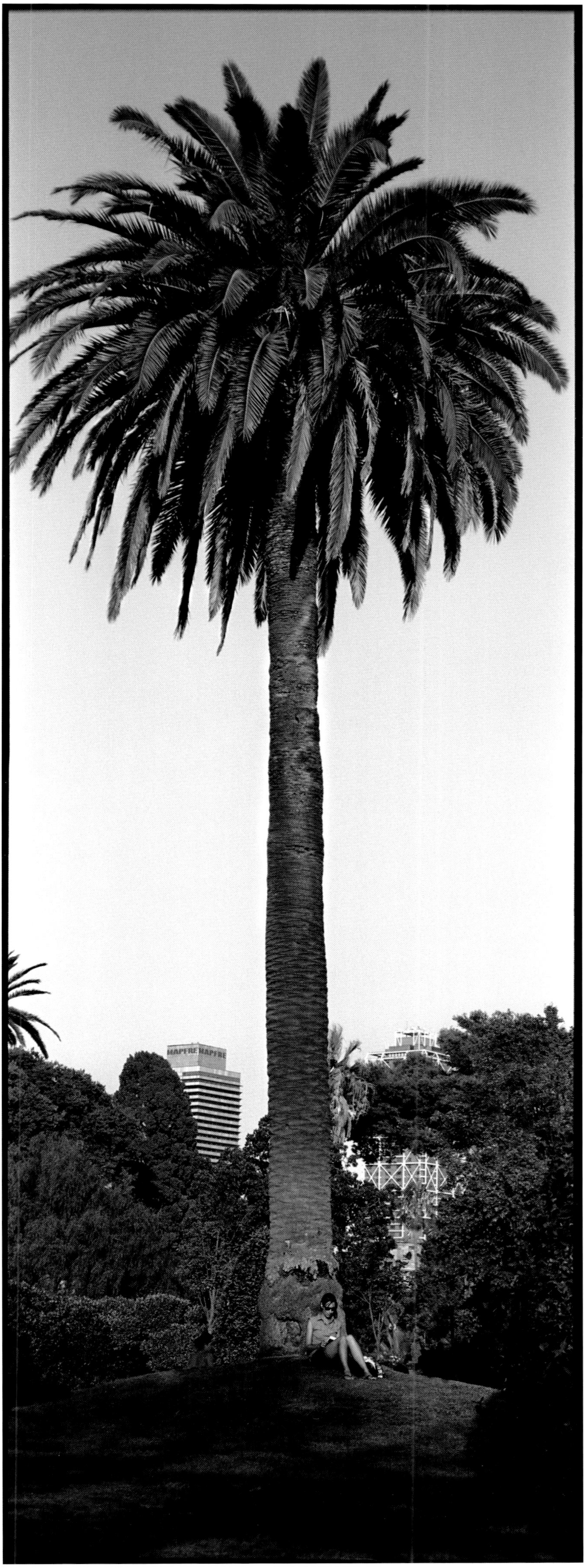
MAPFRE MAPFRE

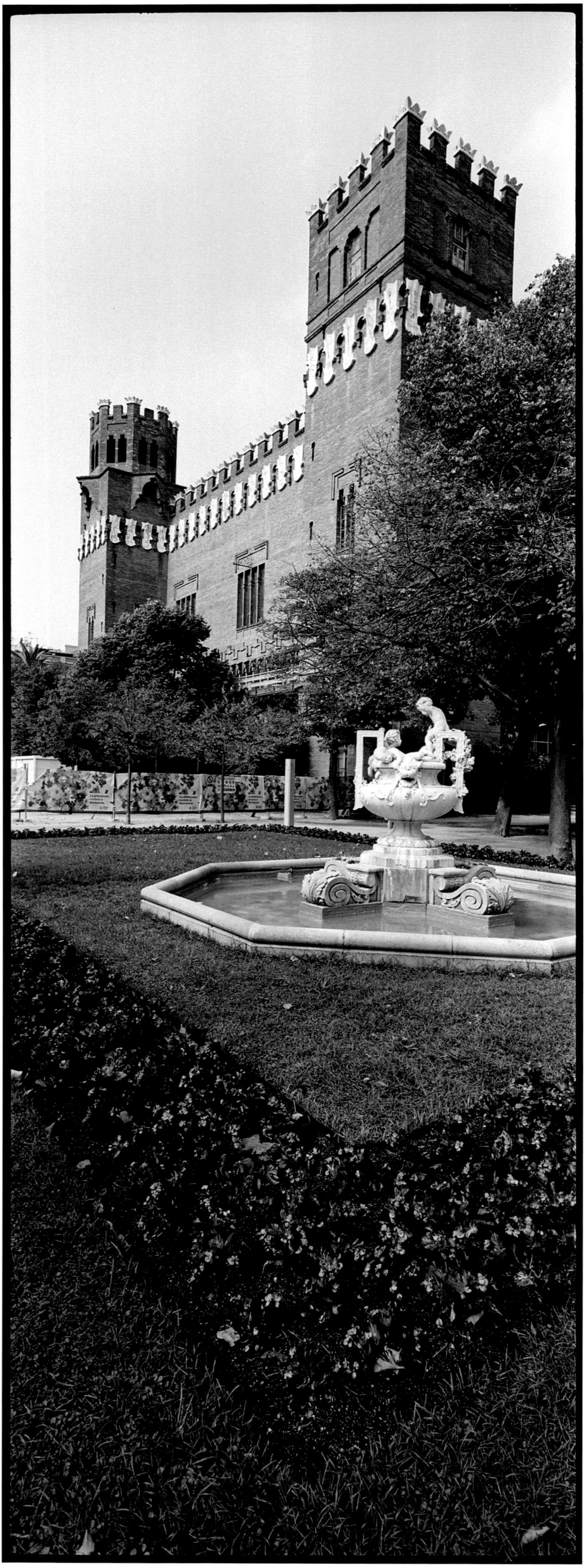

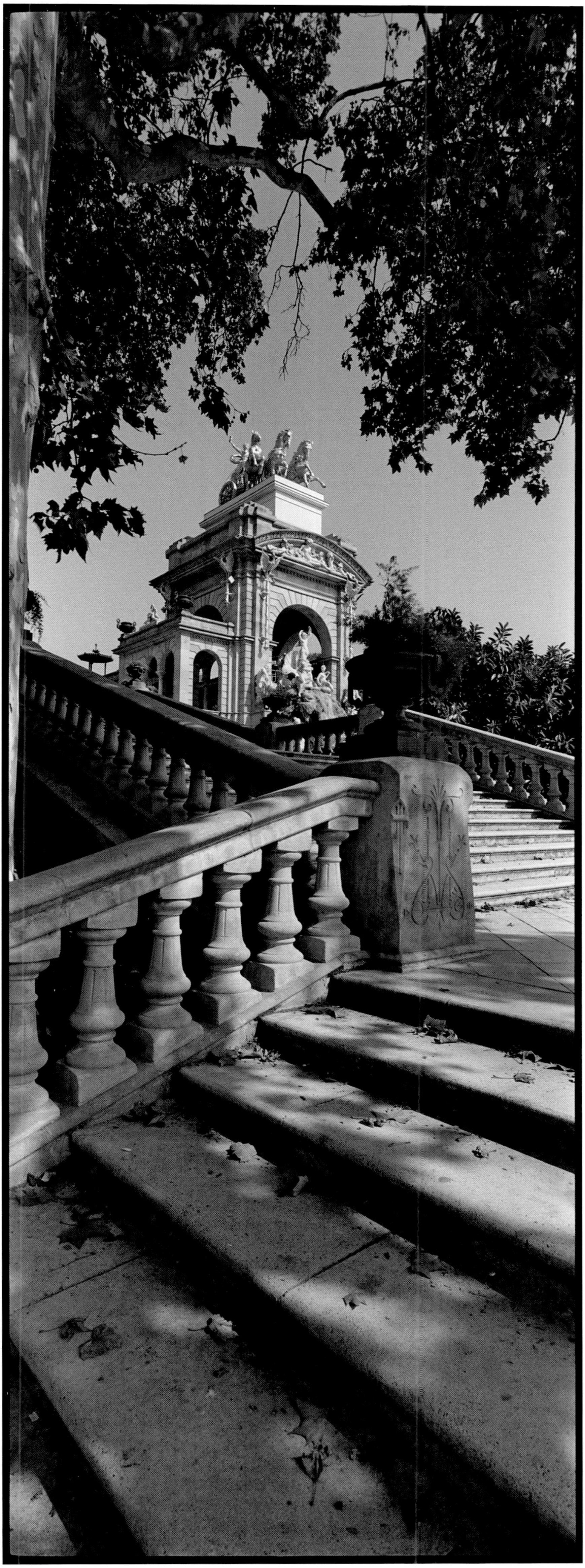

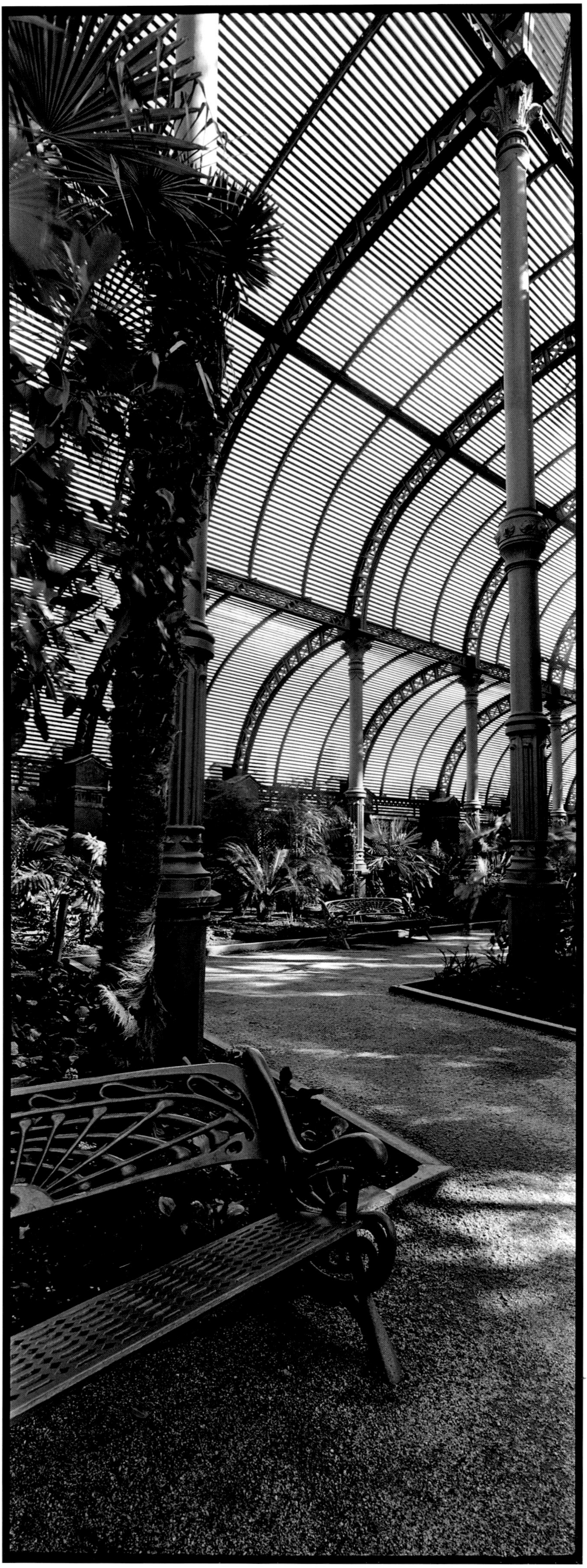

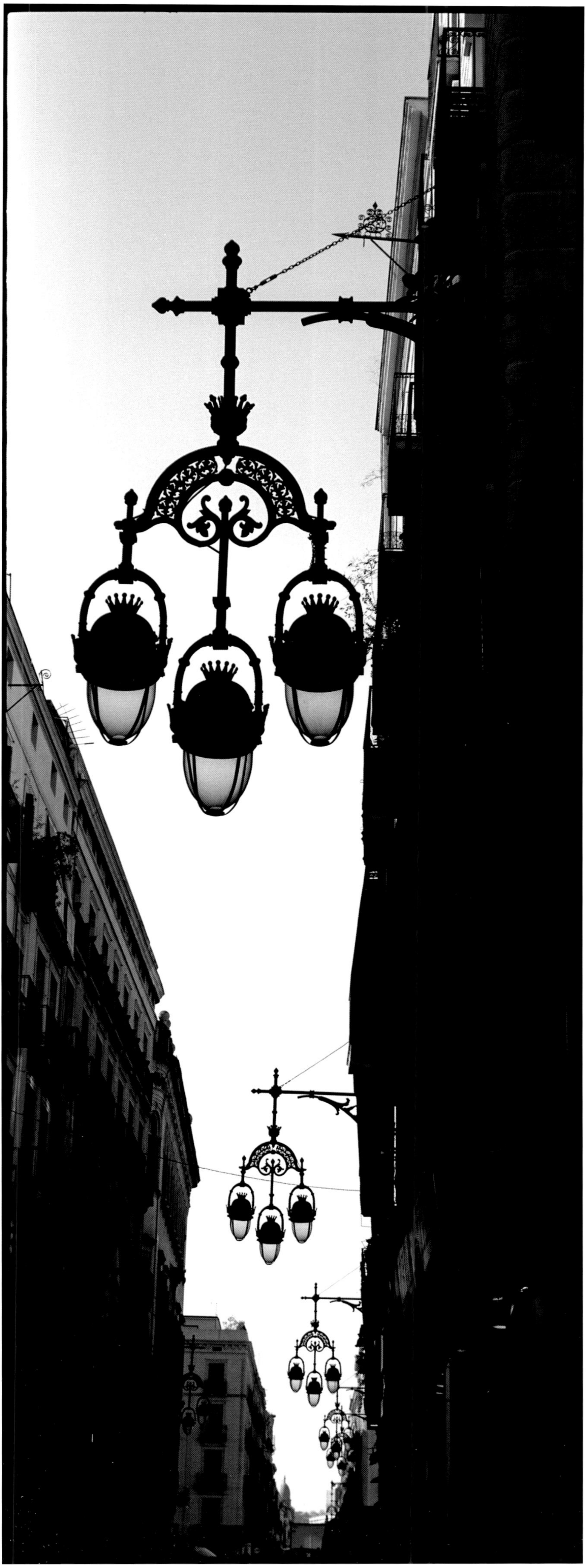

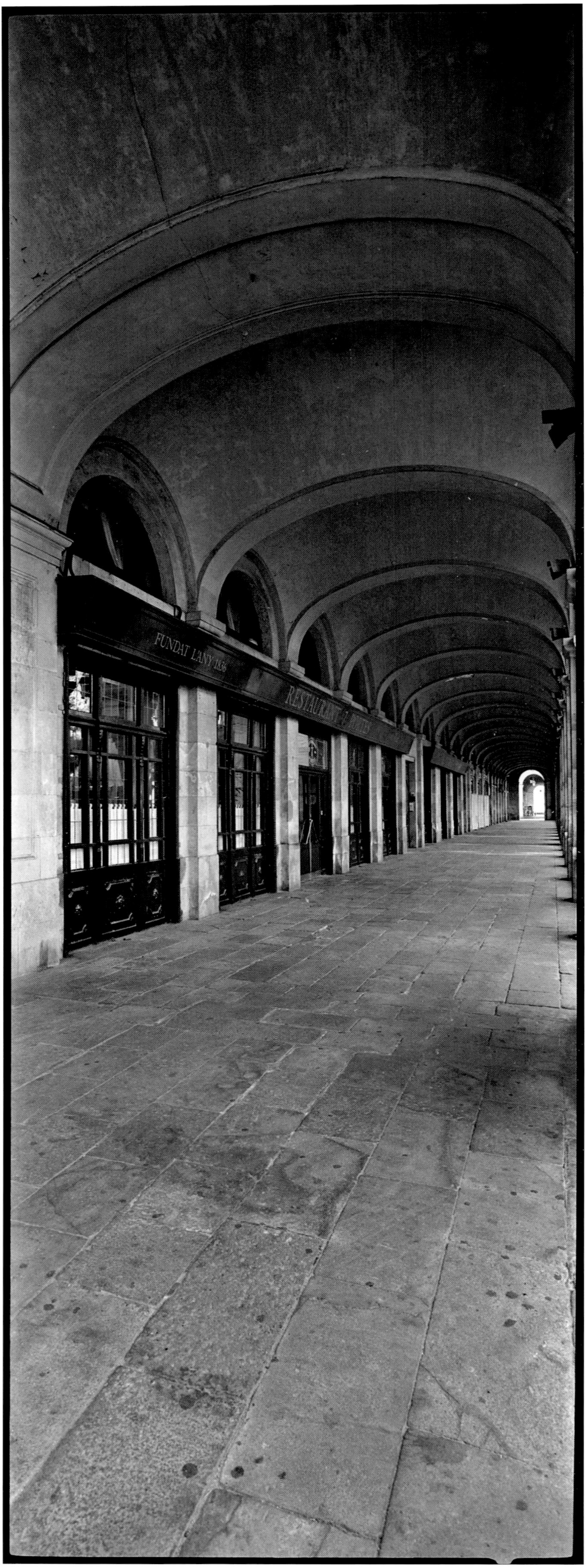
FUNDAT L'ANY 1836

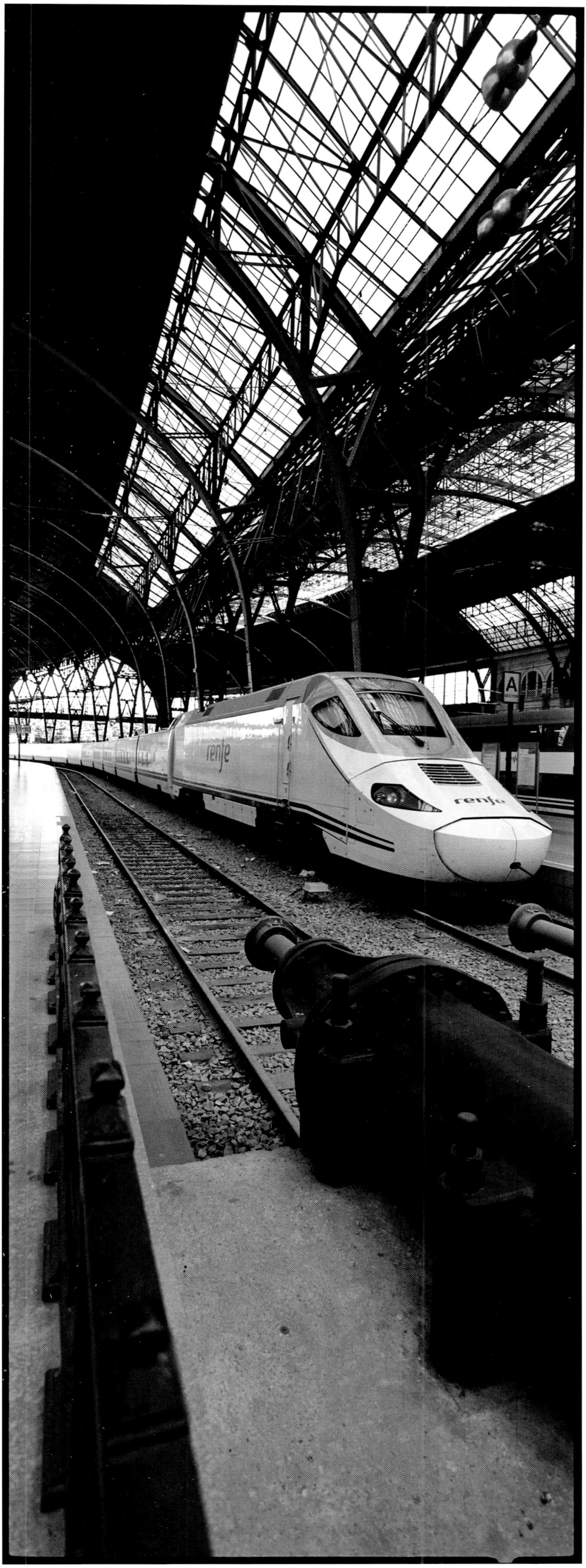
renfe
renfe
A

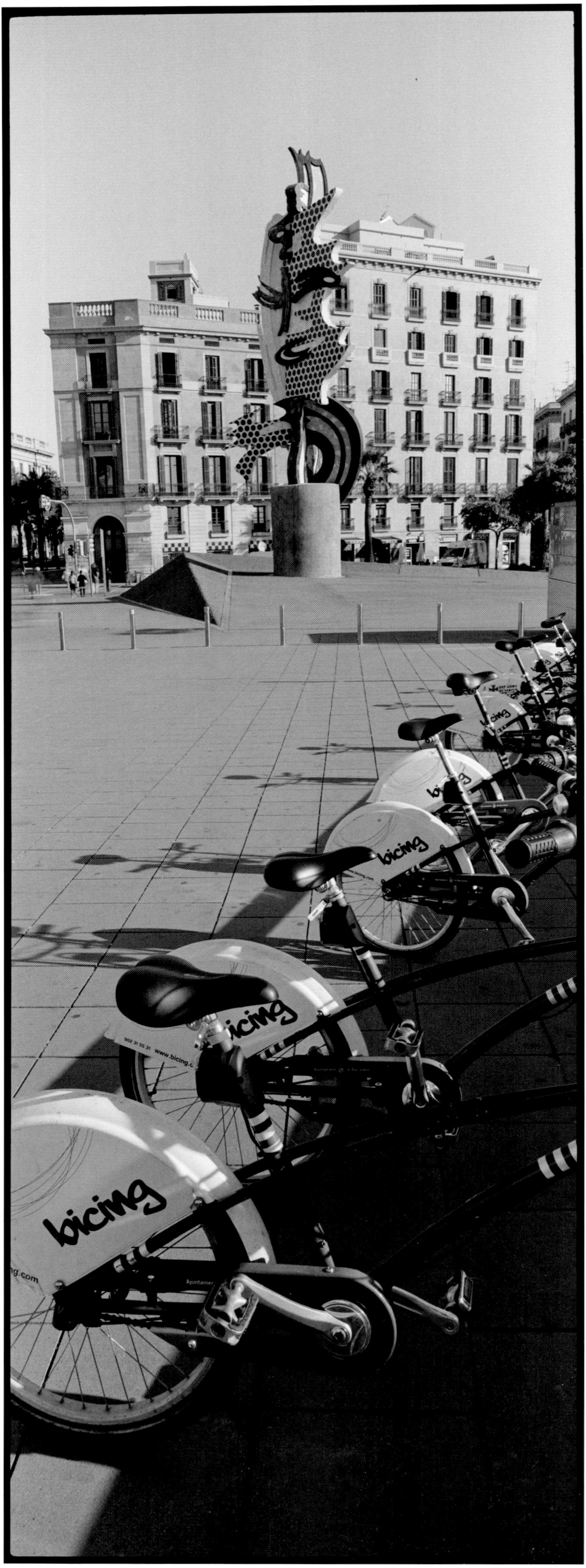
bicing
bicing
bicing
bicing
bicing

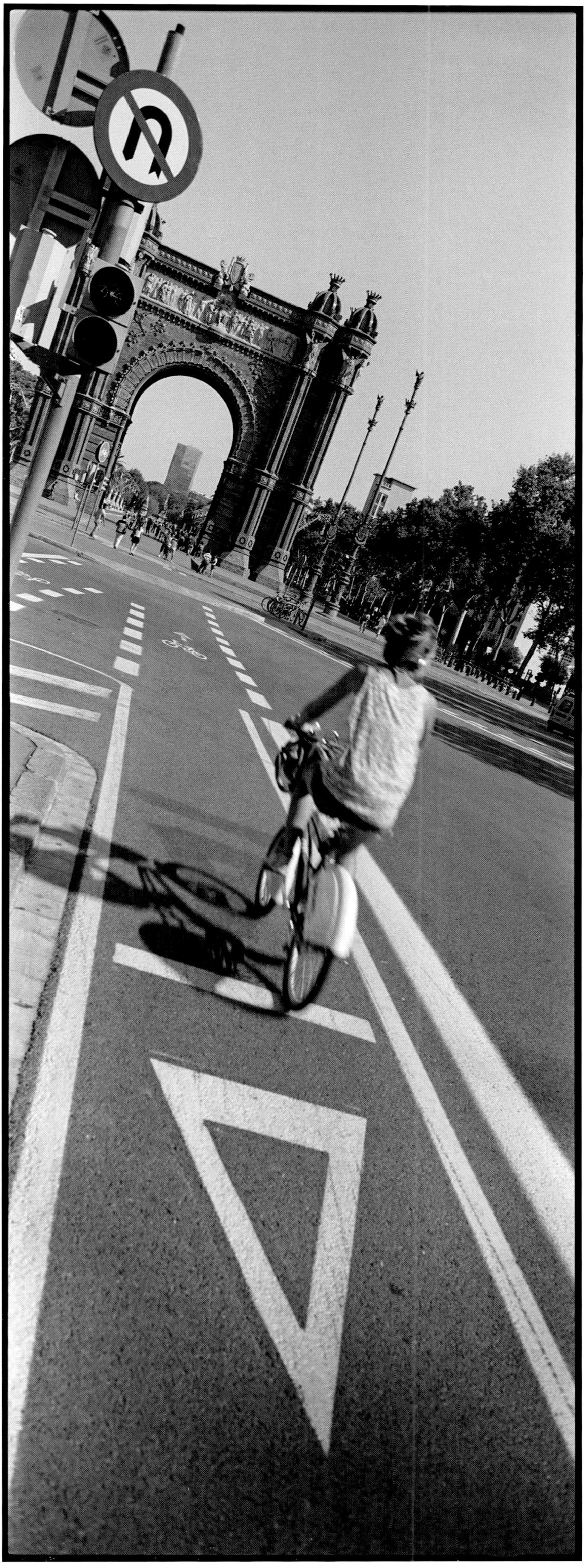

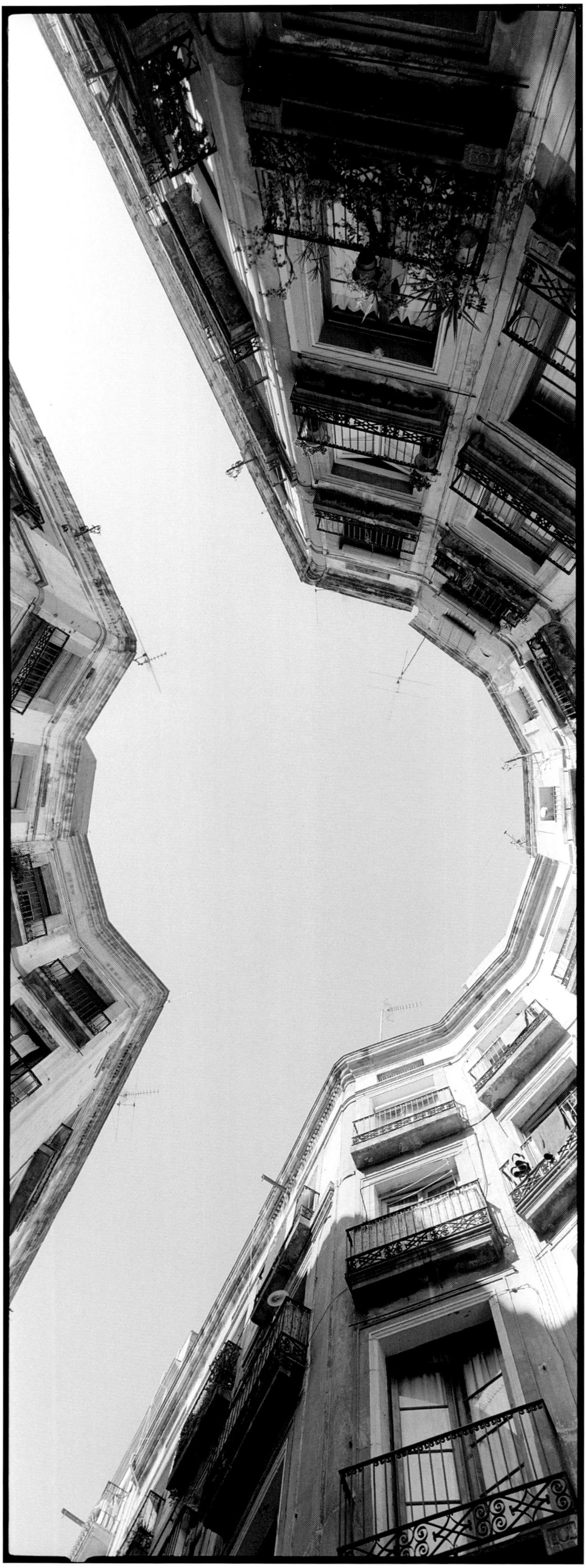

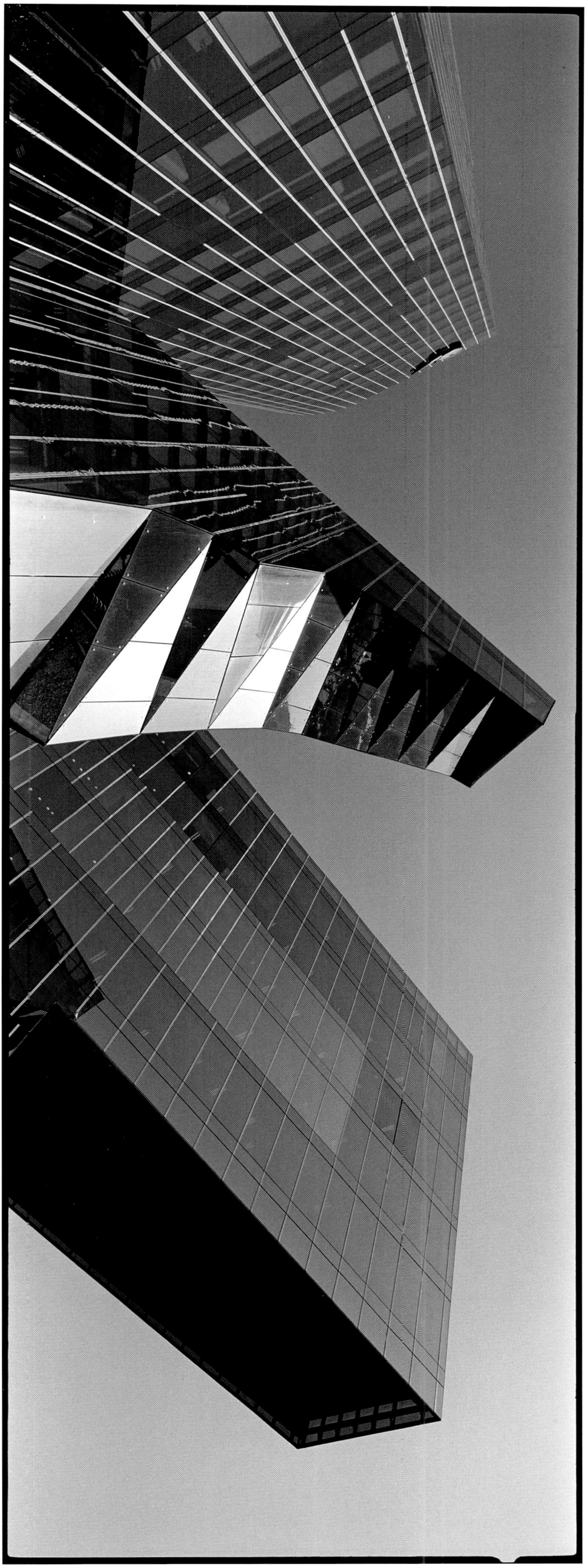

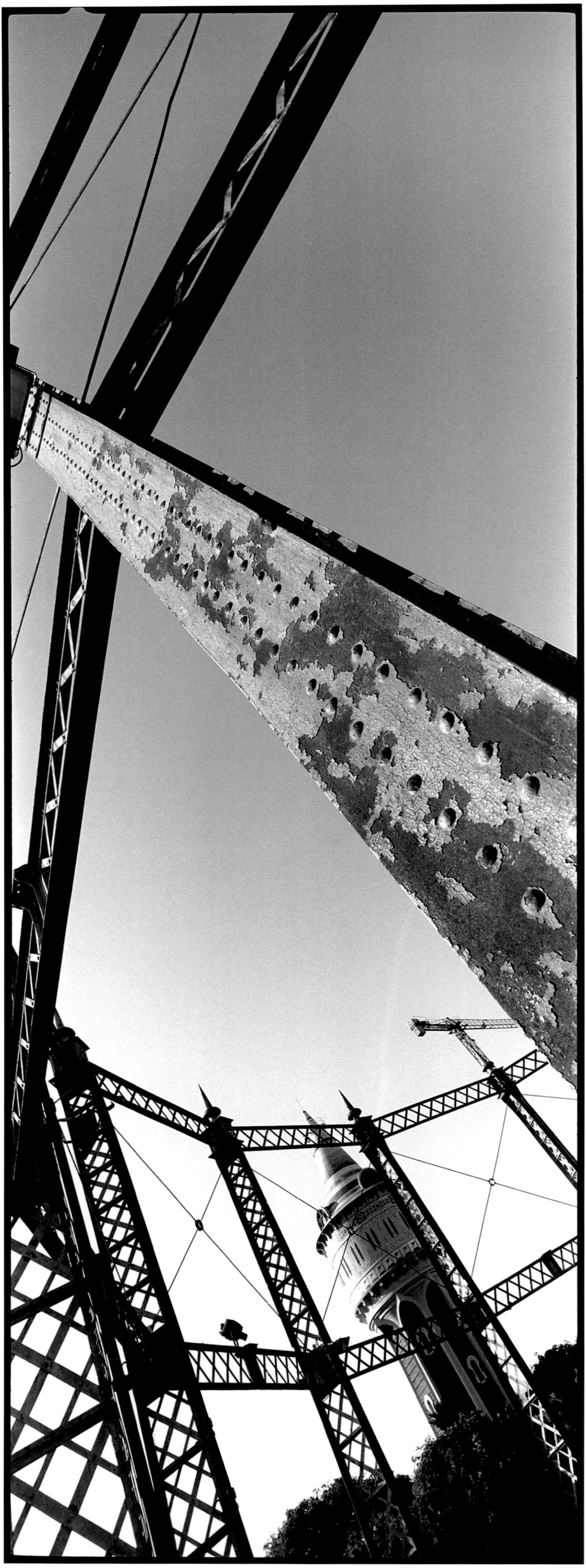

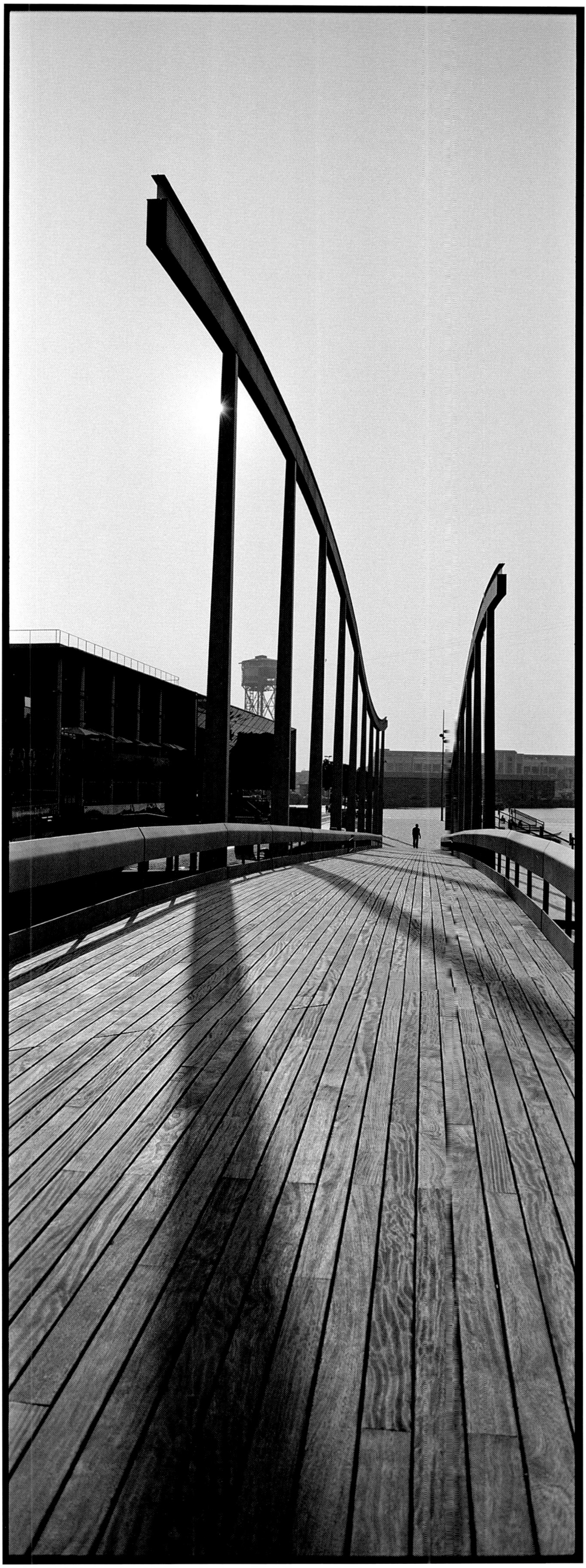

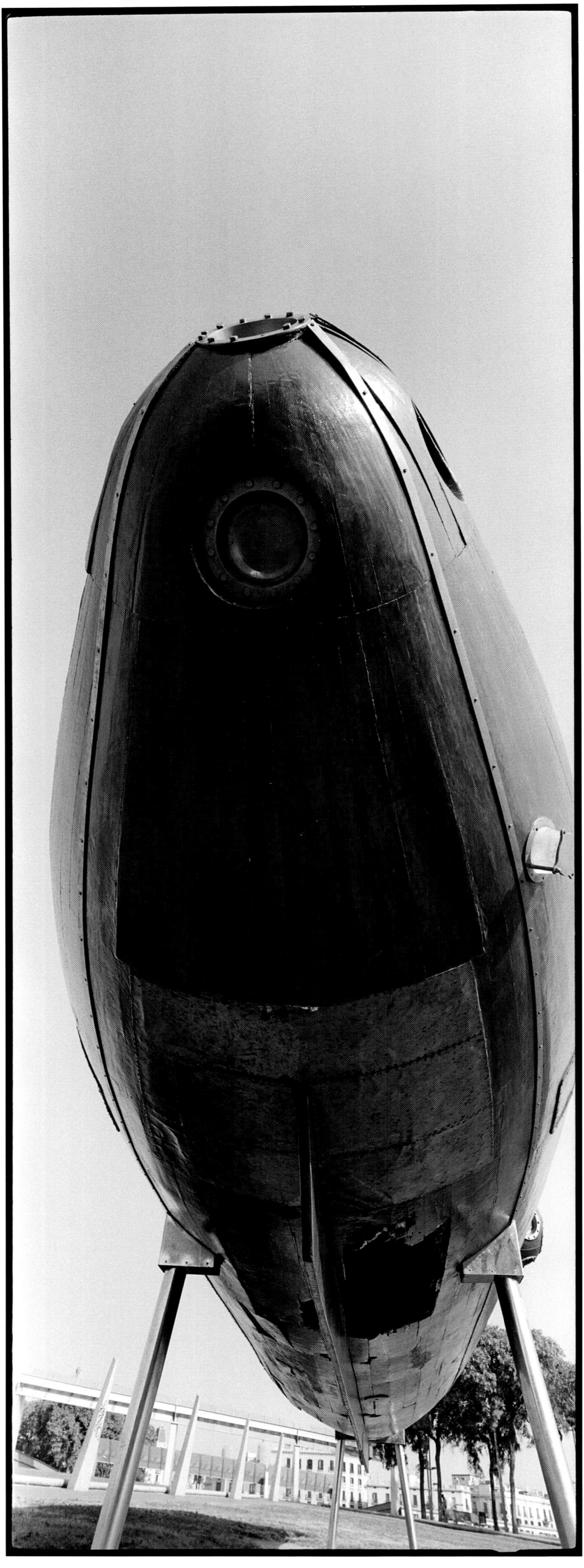

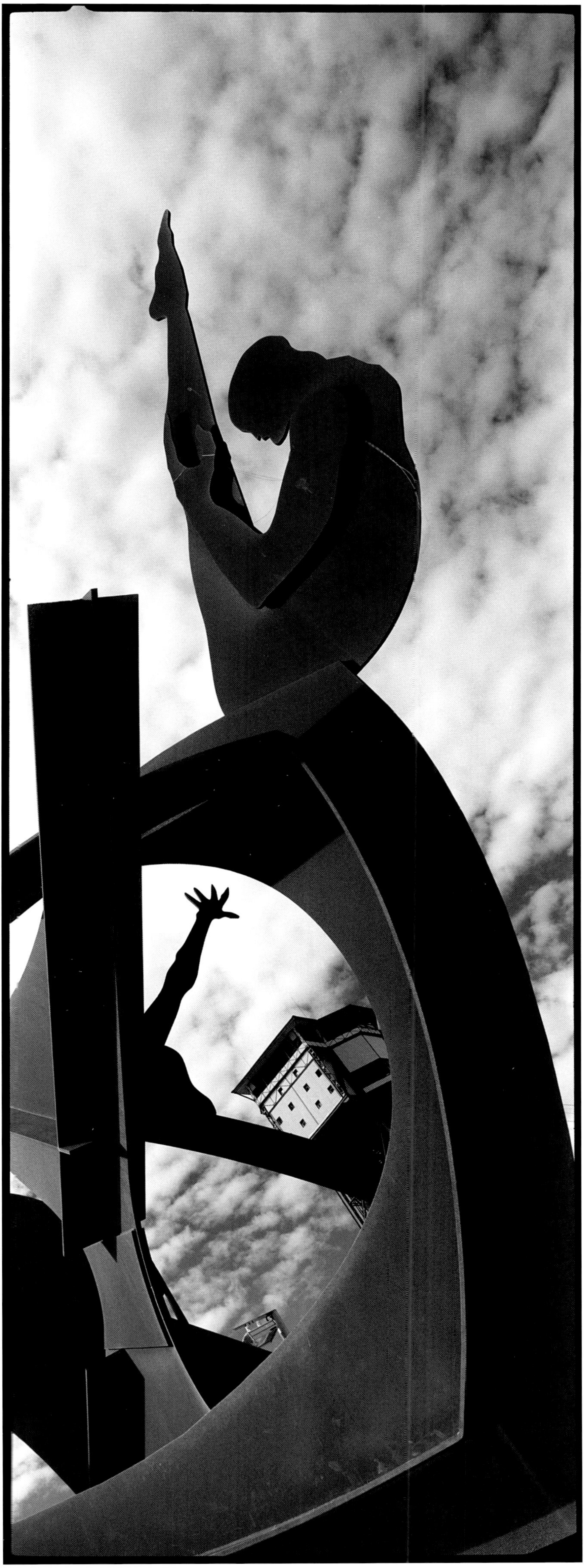

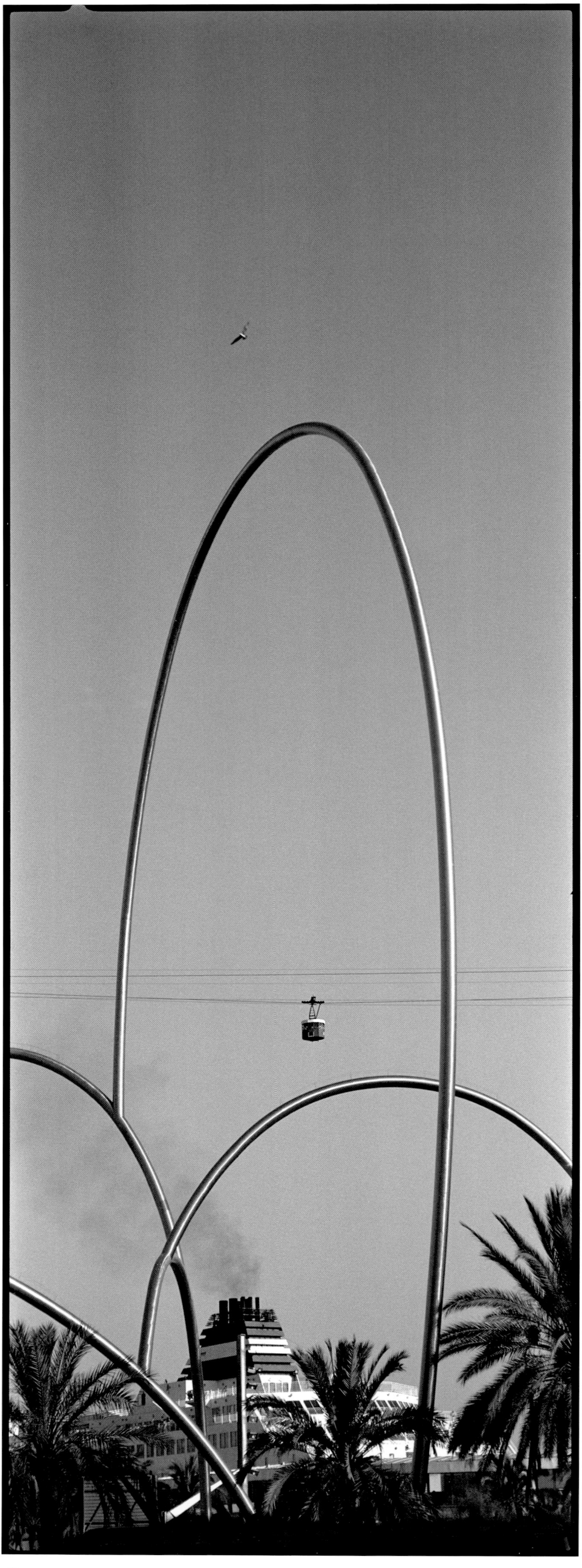

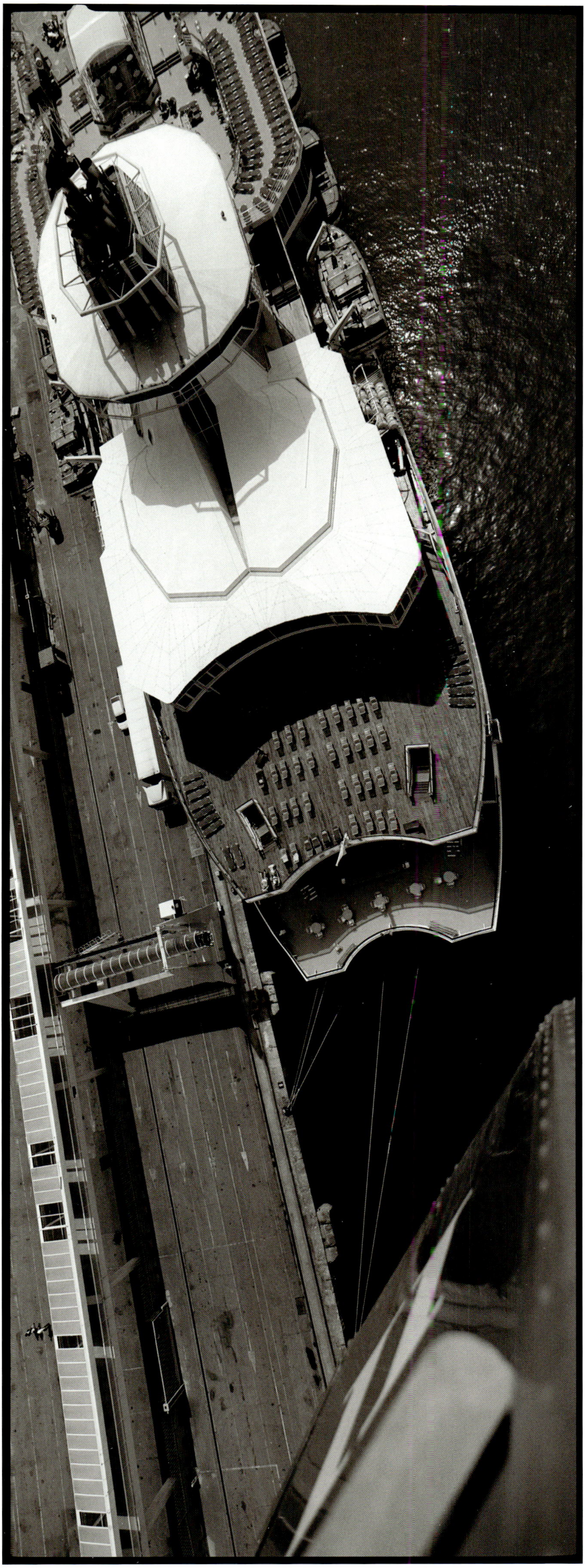

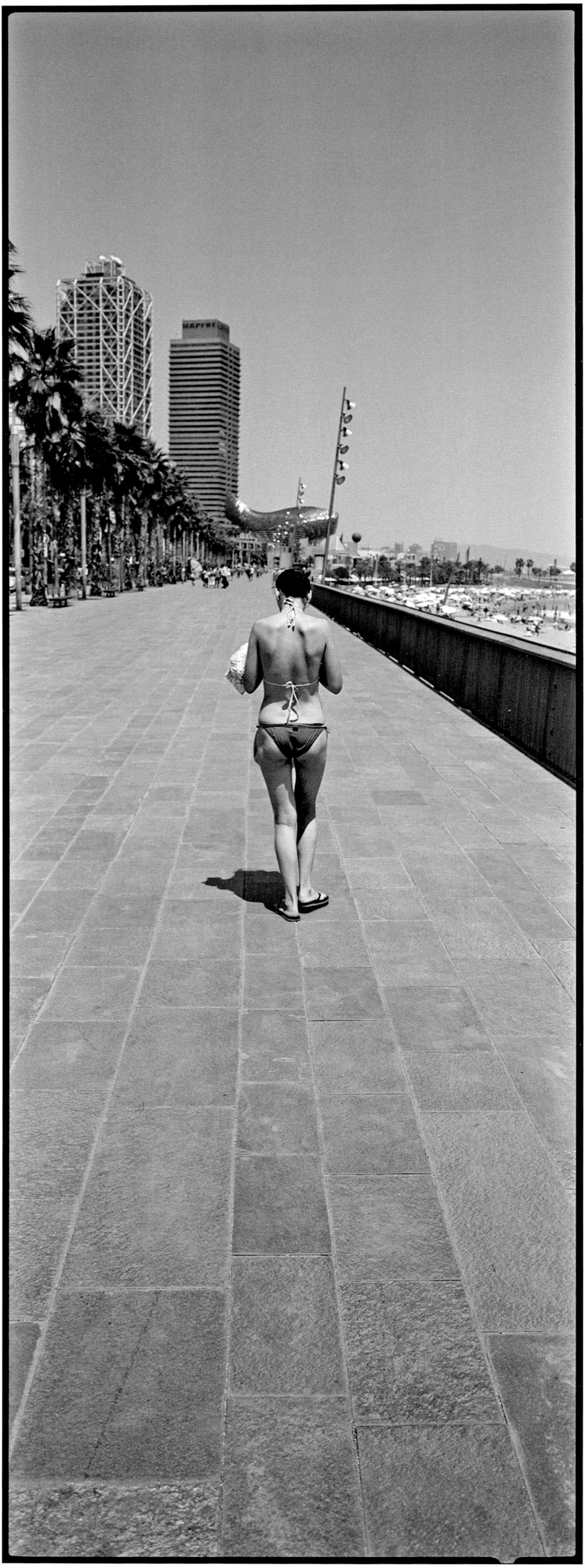

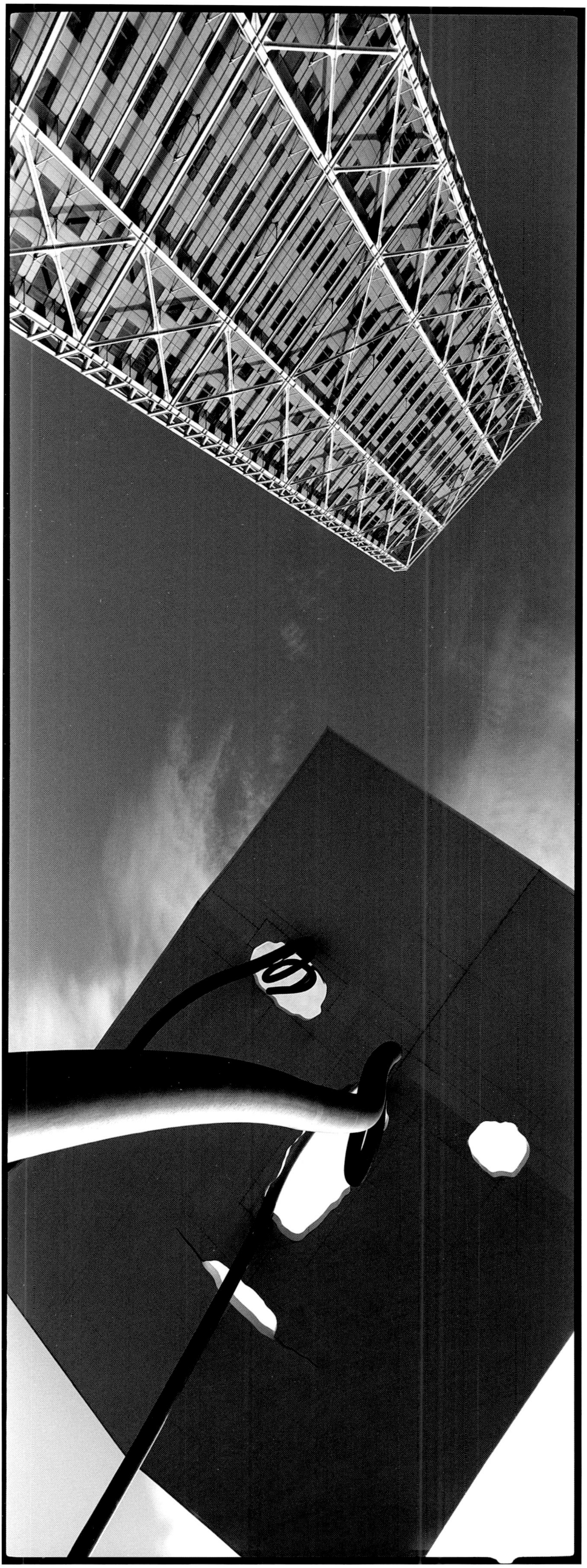

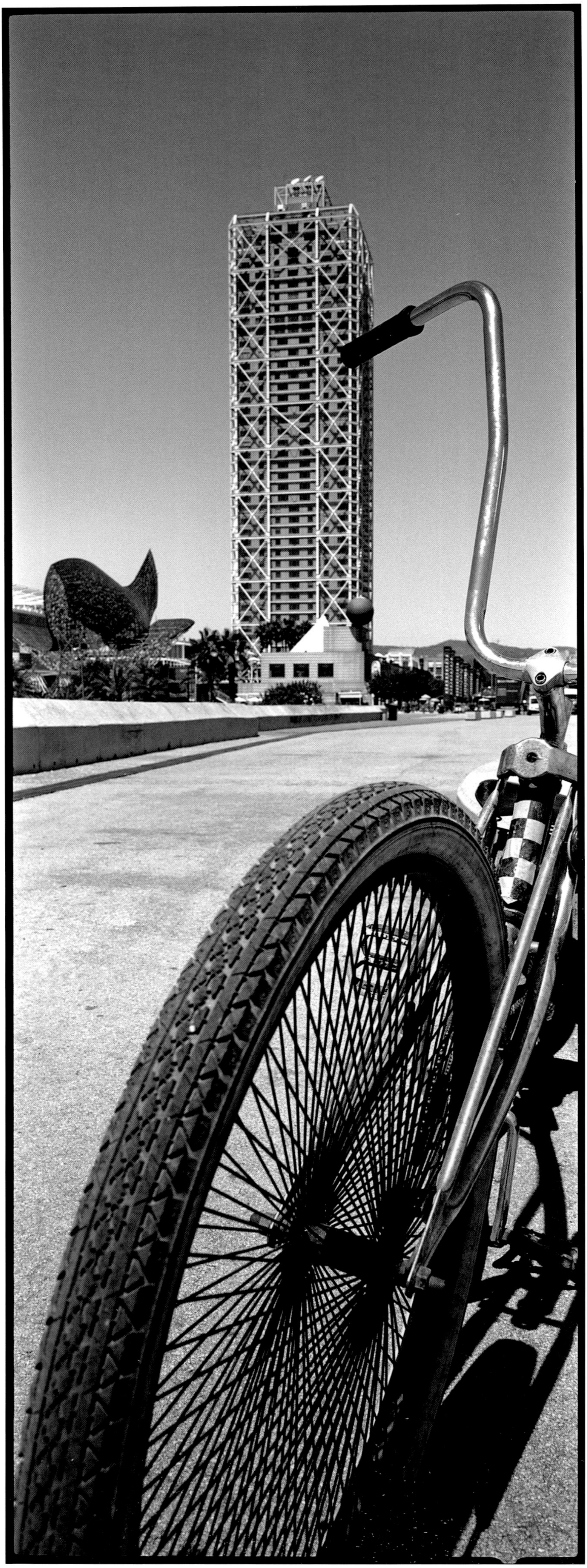

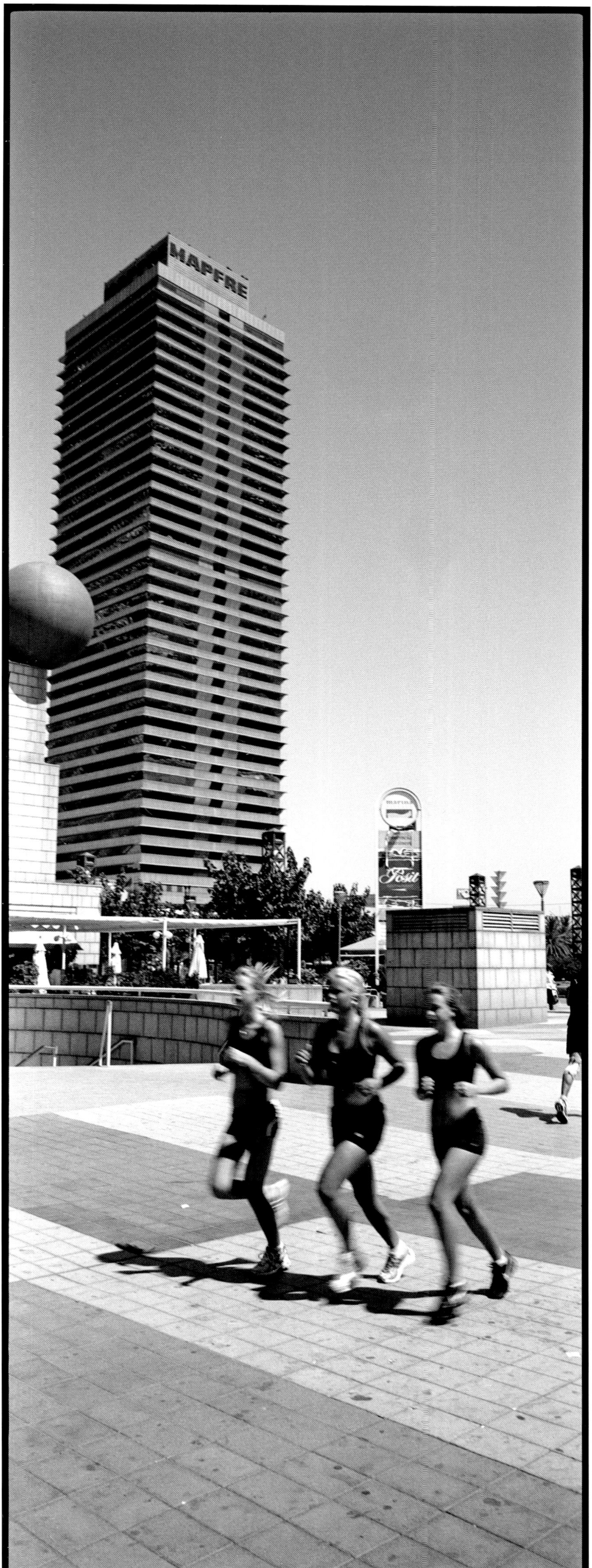
MAPFRE

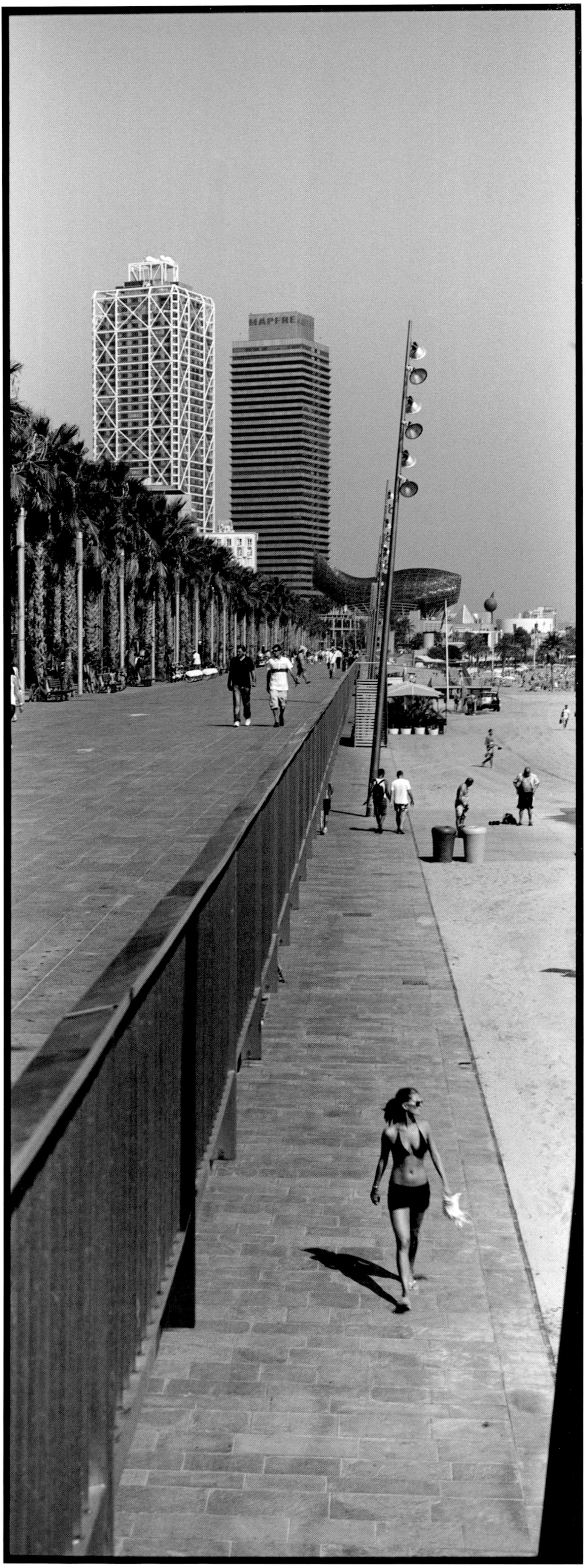
MAPFRE

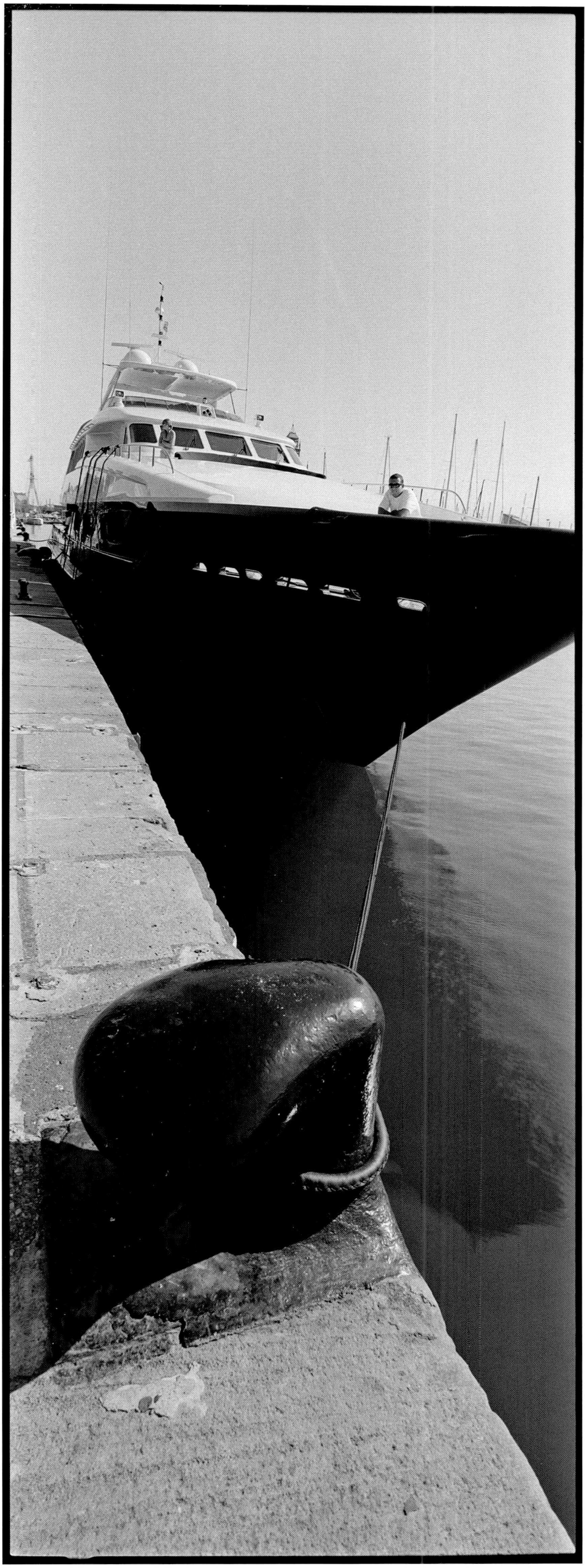

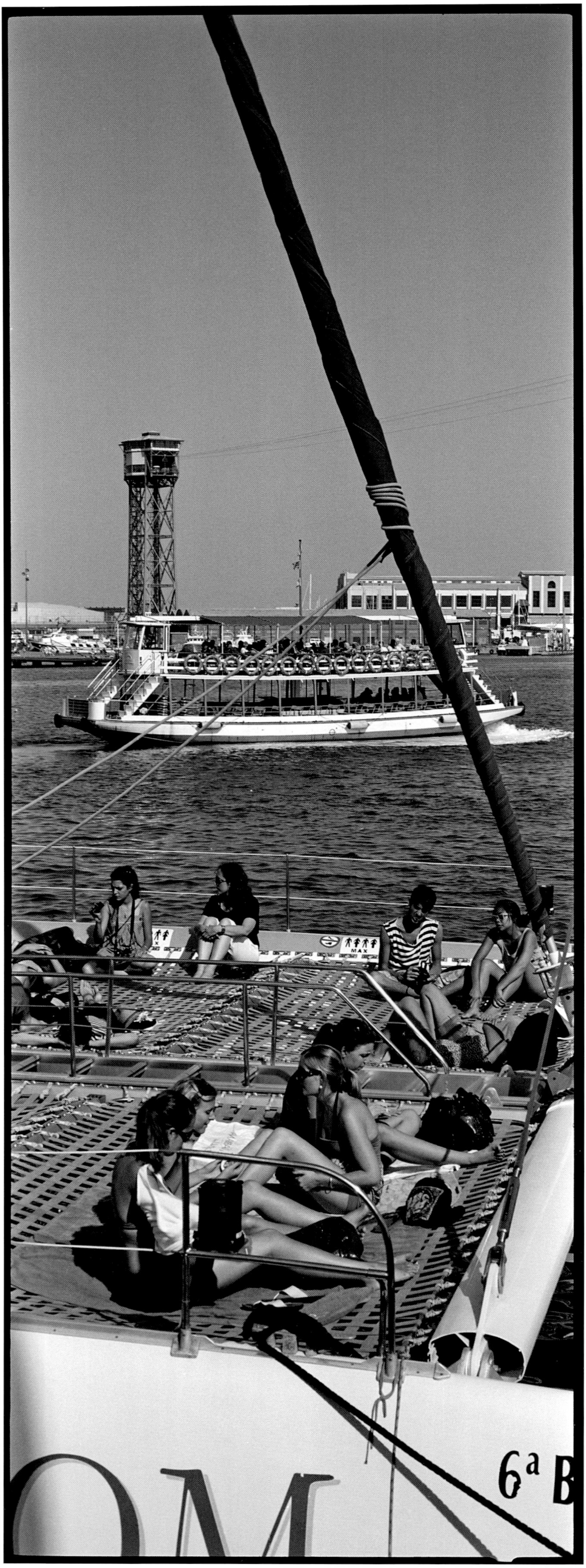

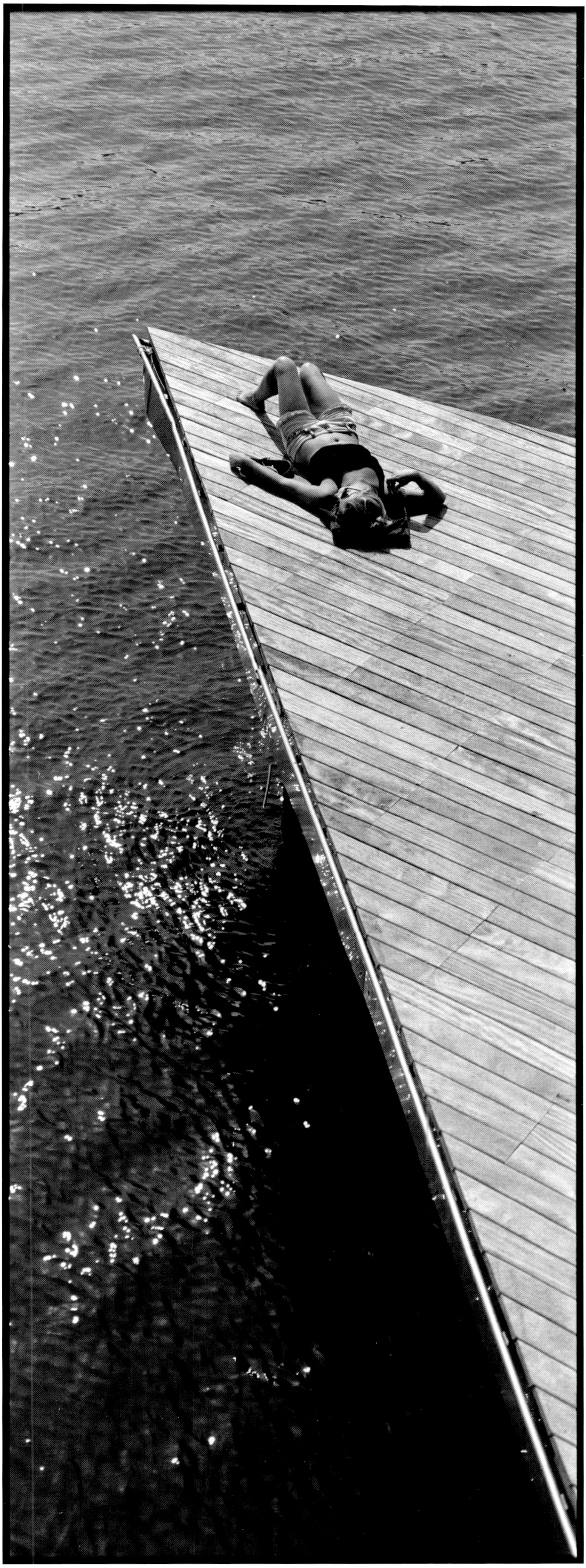

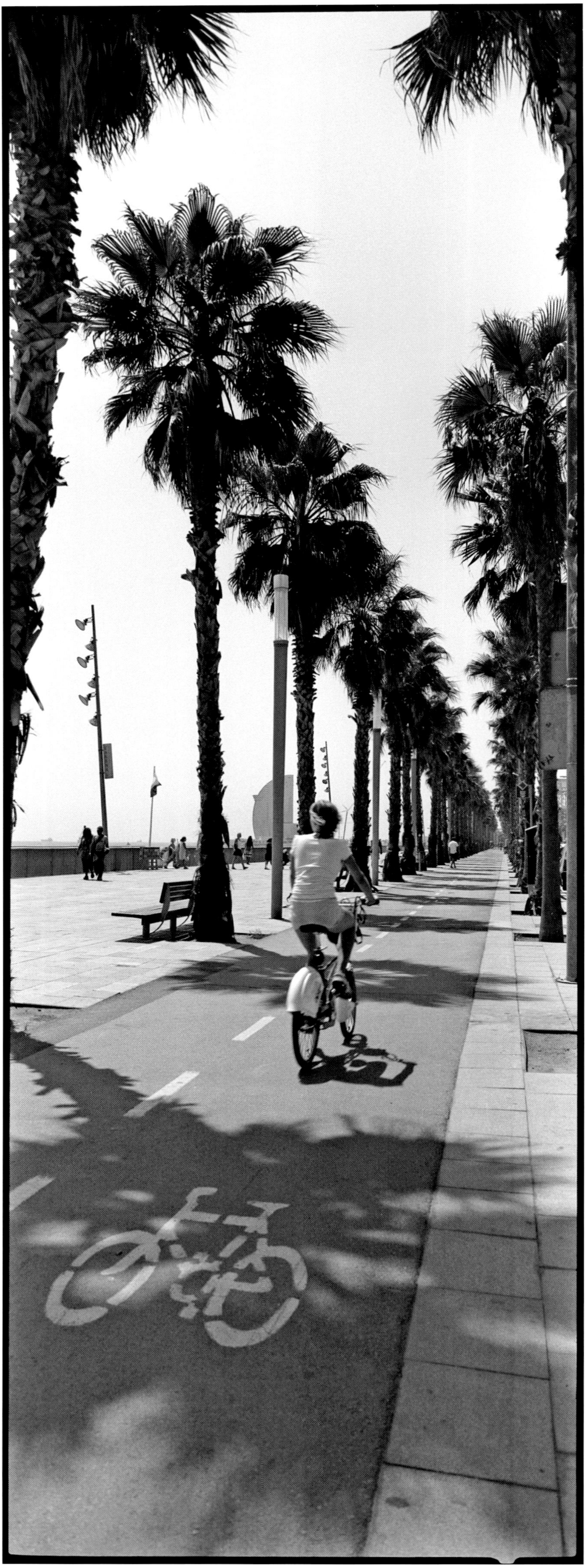

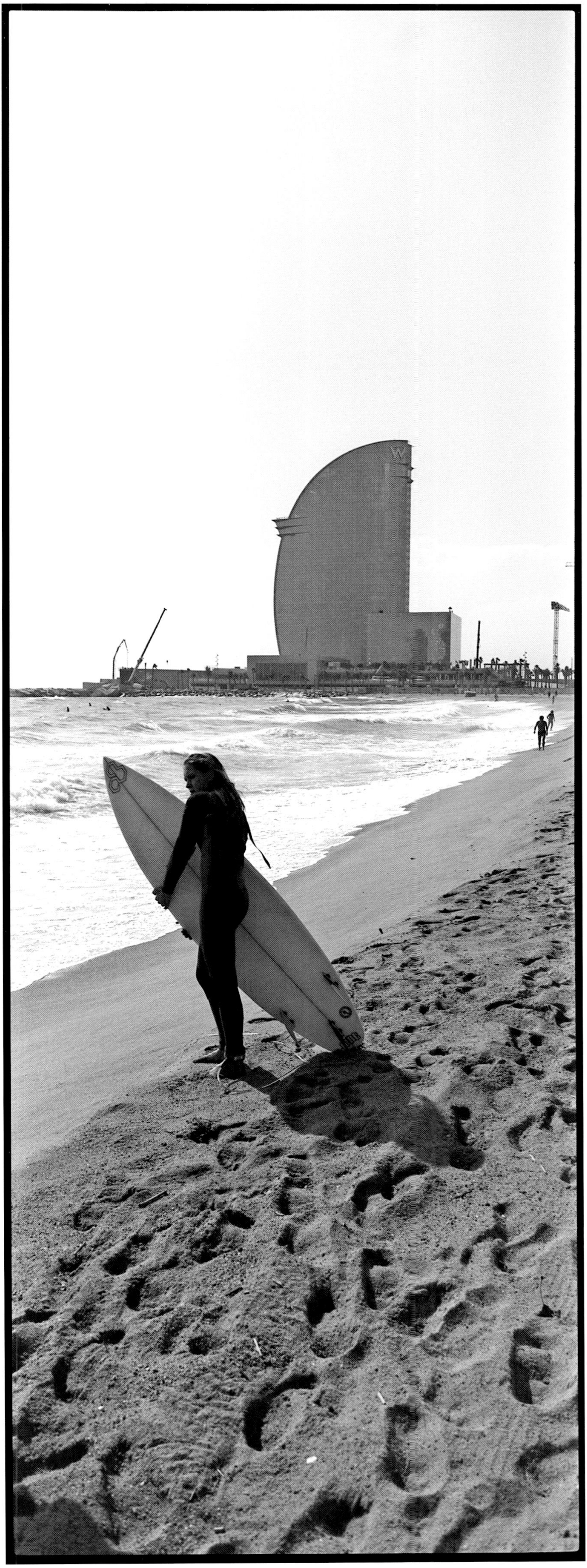

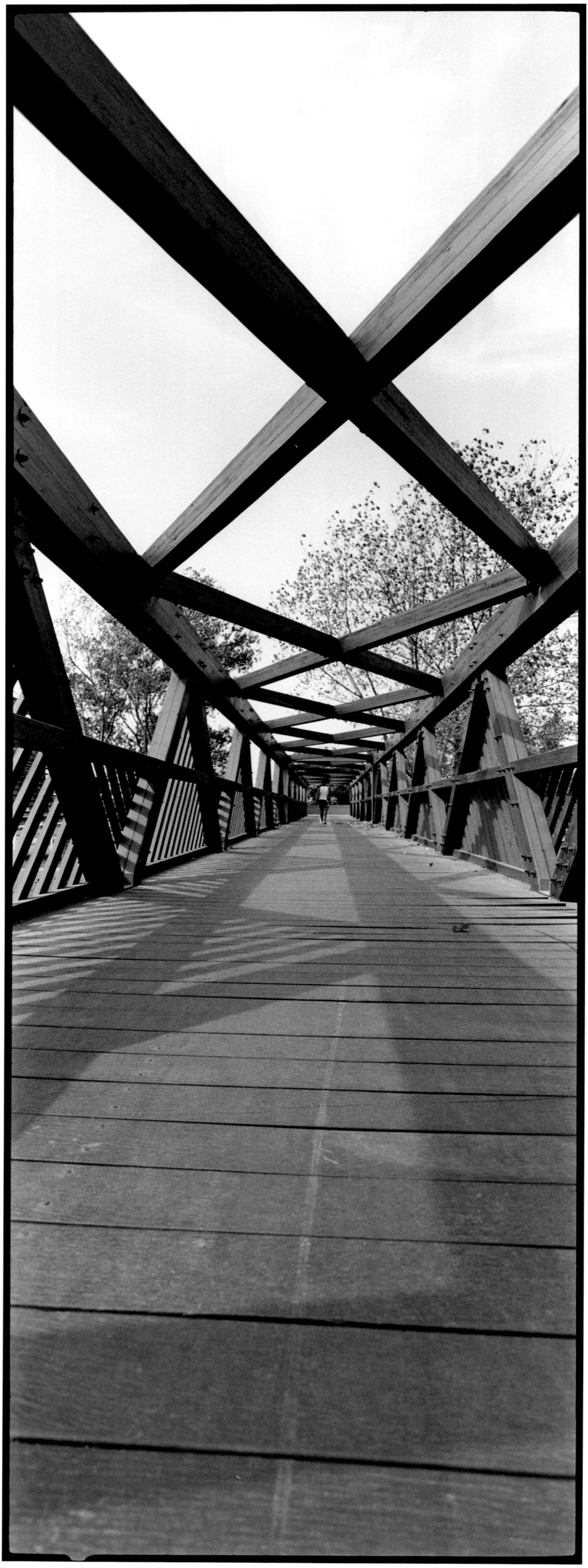

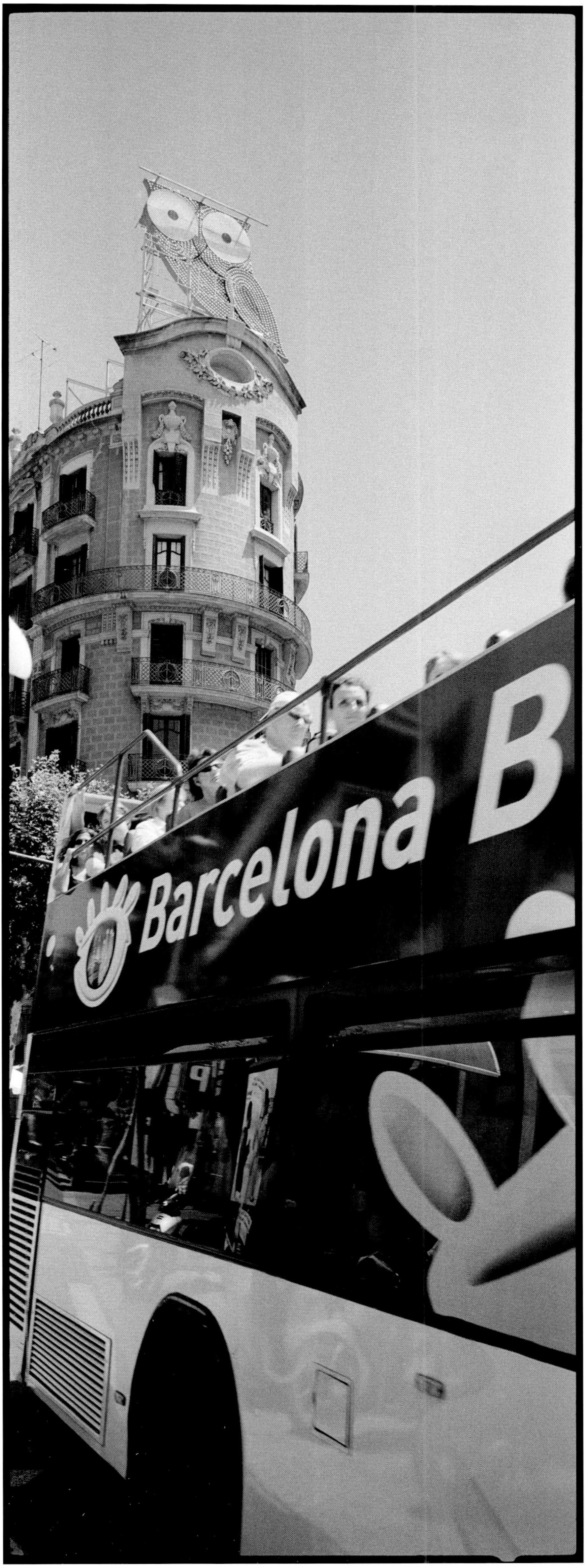
Barcelona B

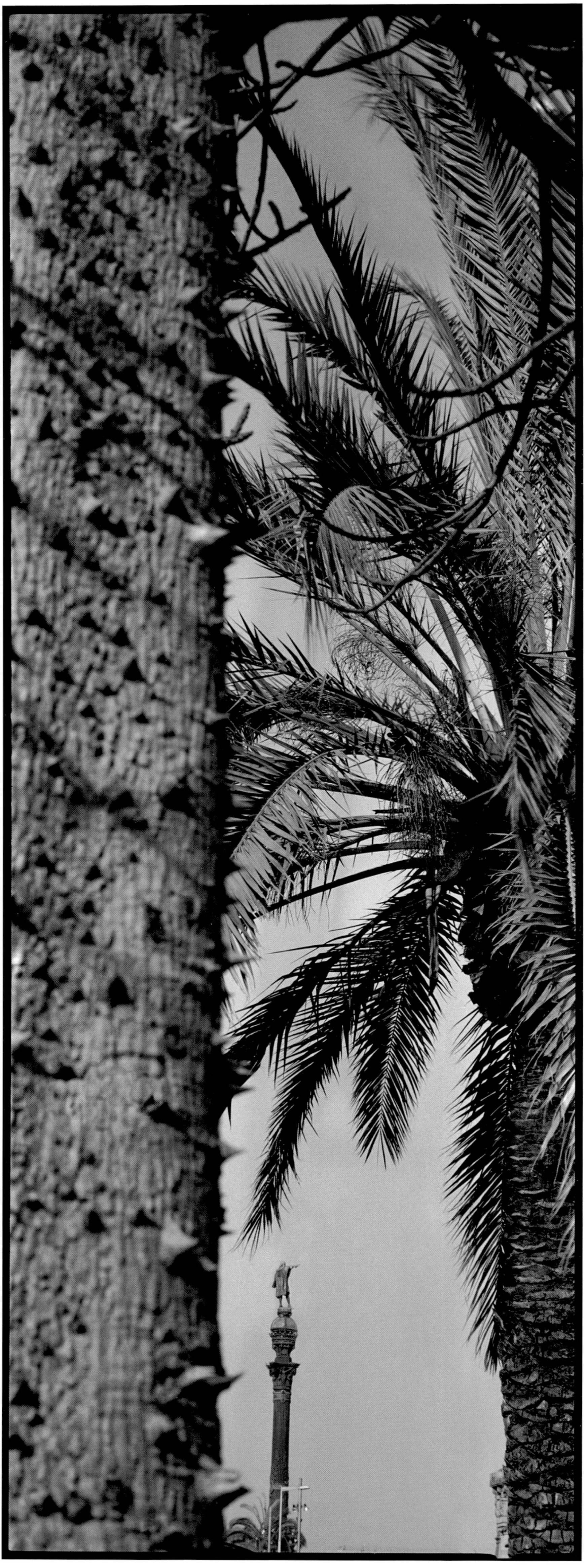

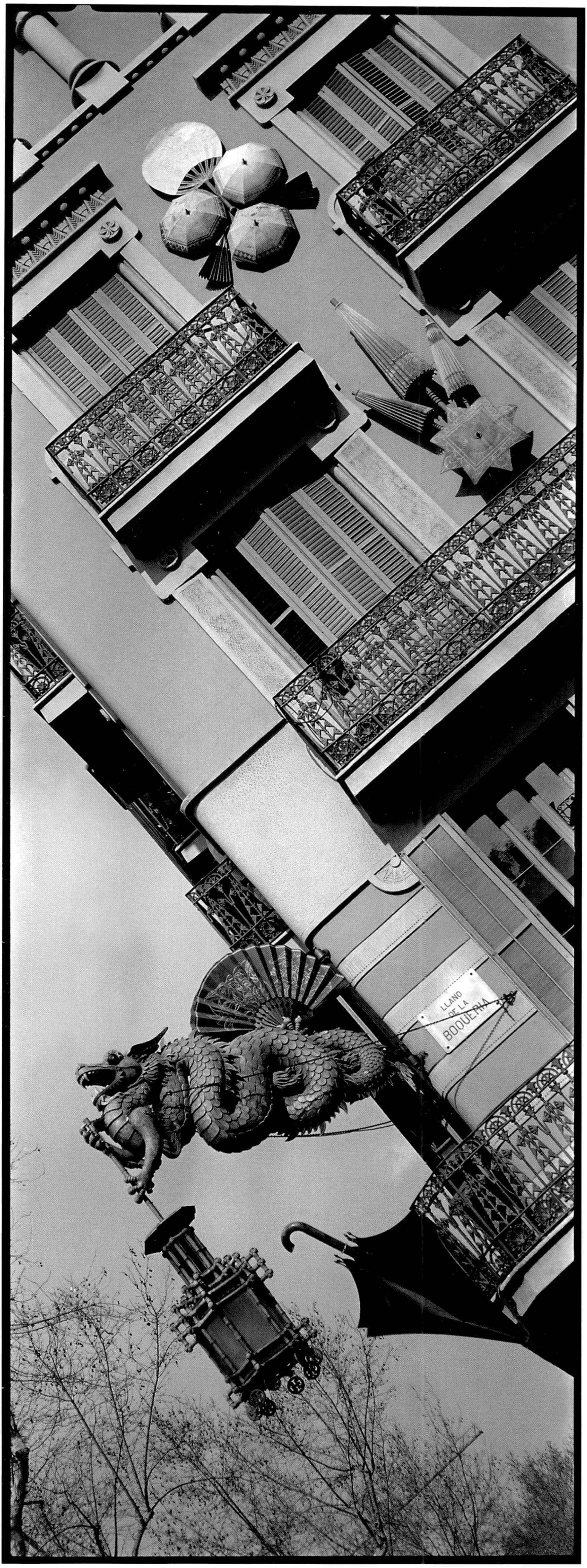
LLANO
DE LA
BOQUERIA

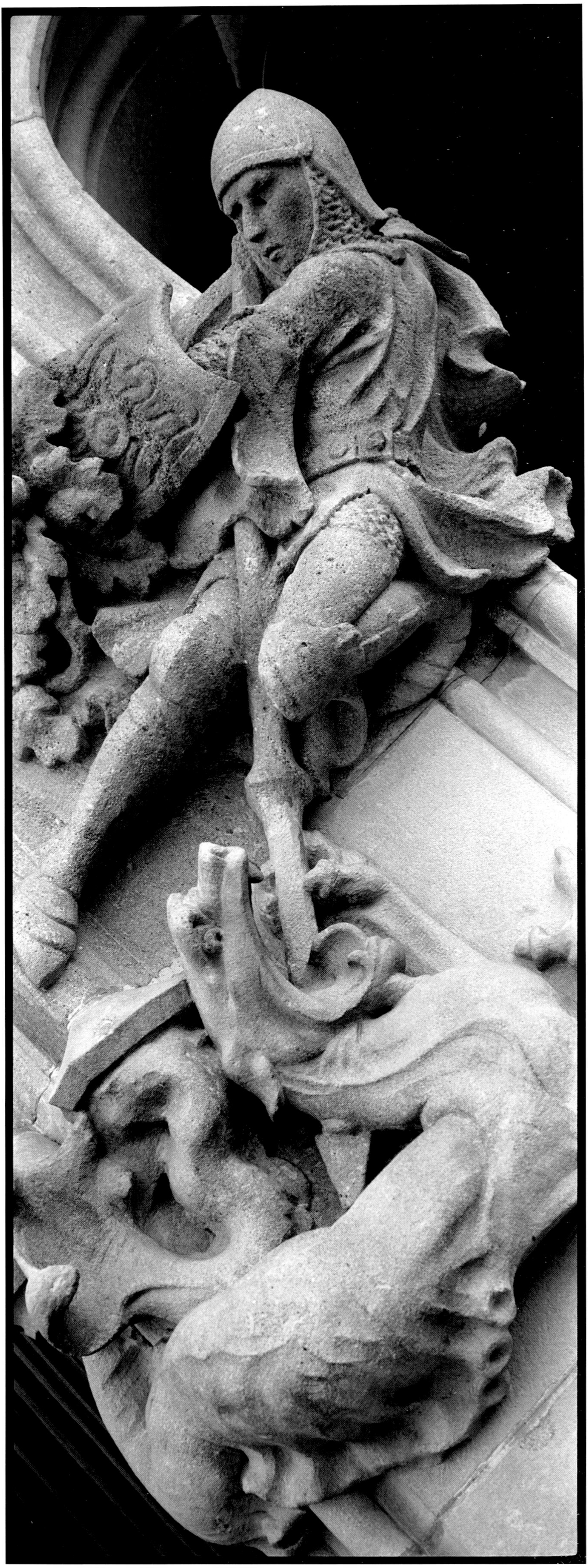

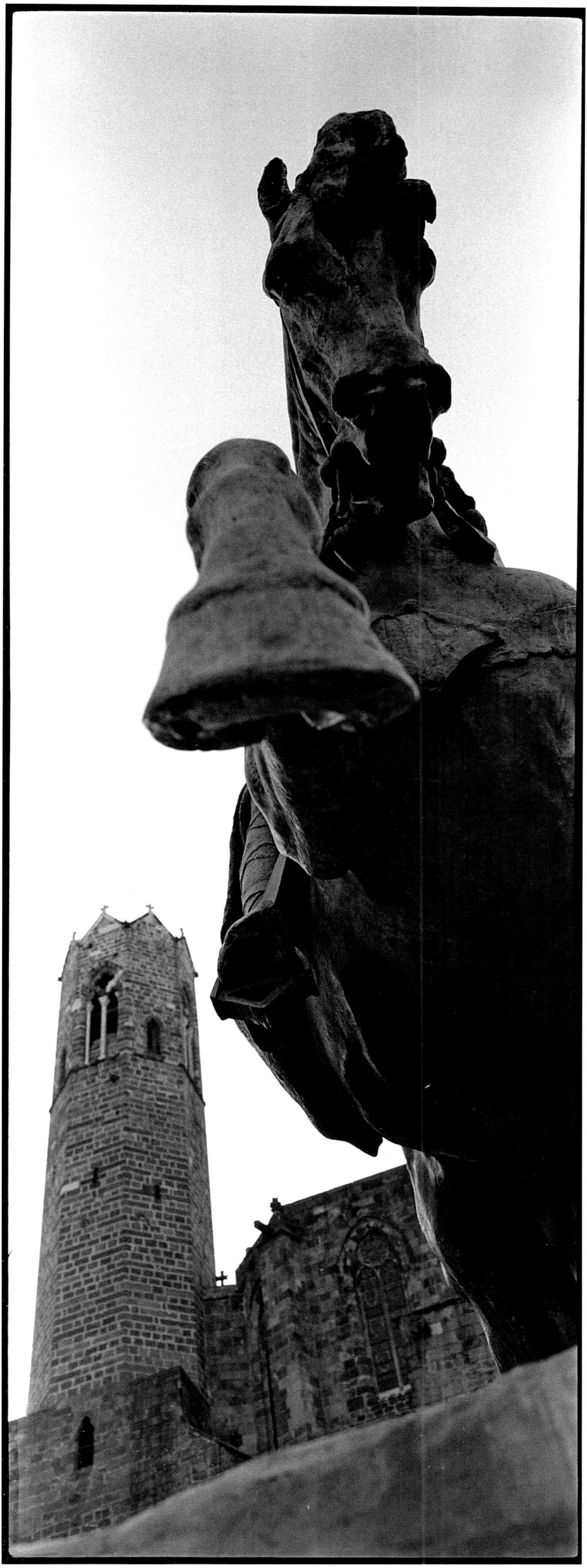

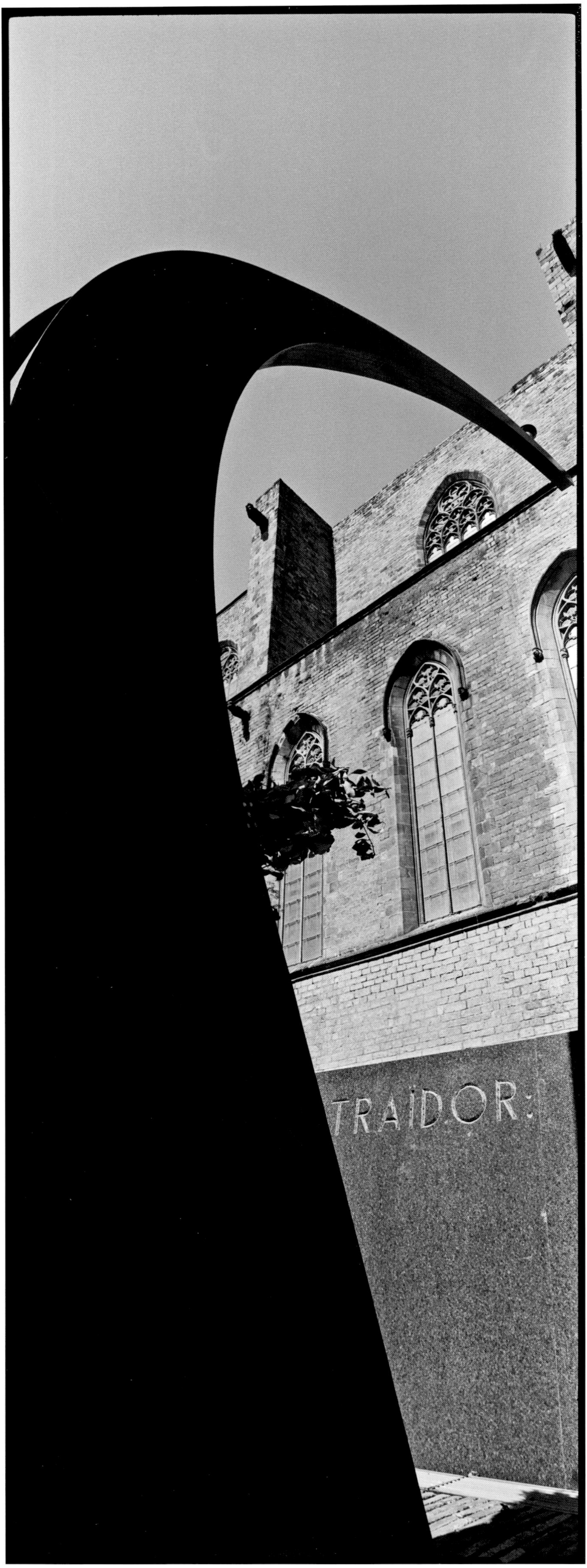
TRAIDOR:

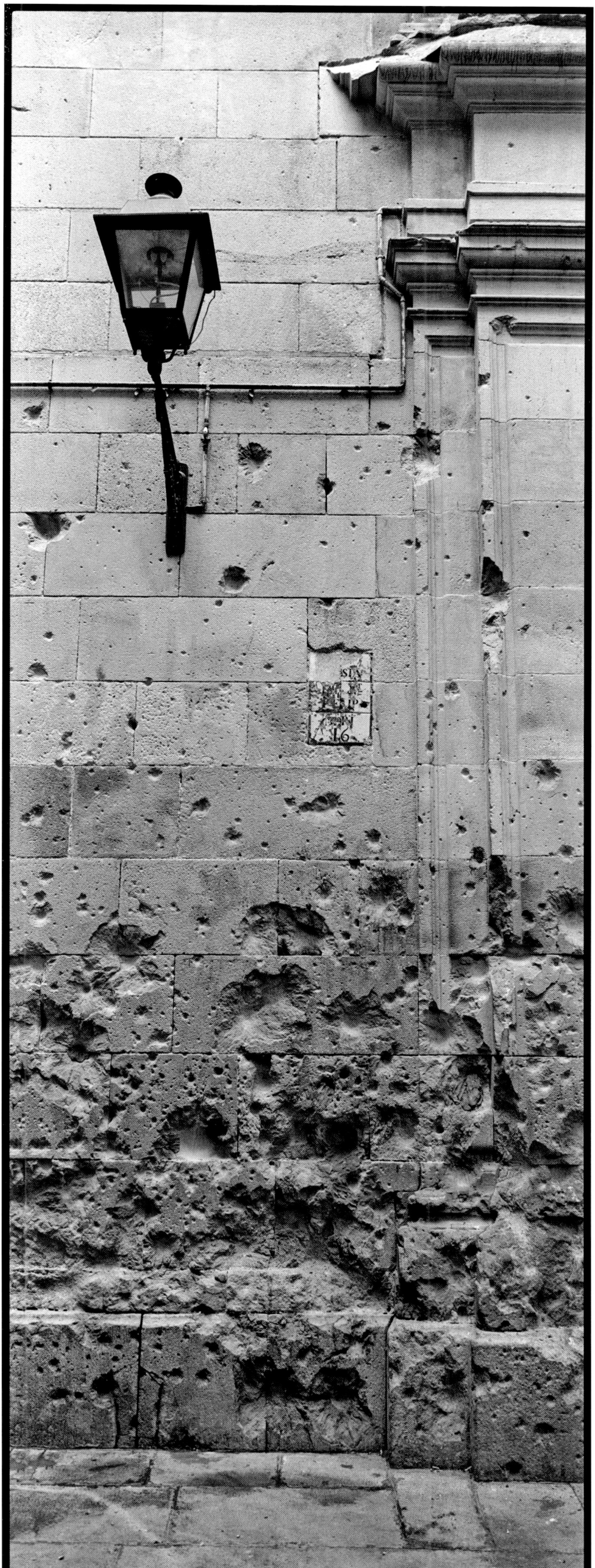

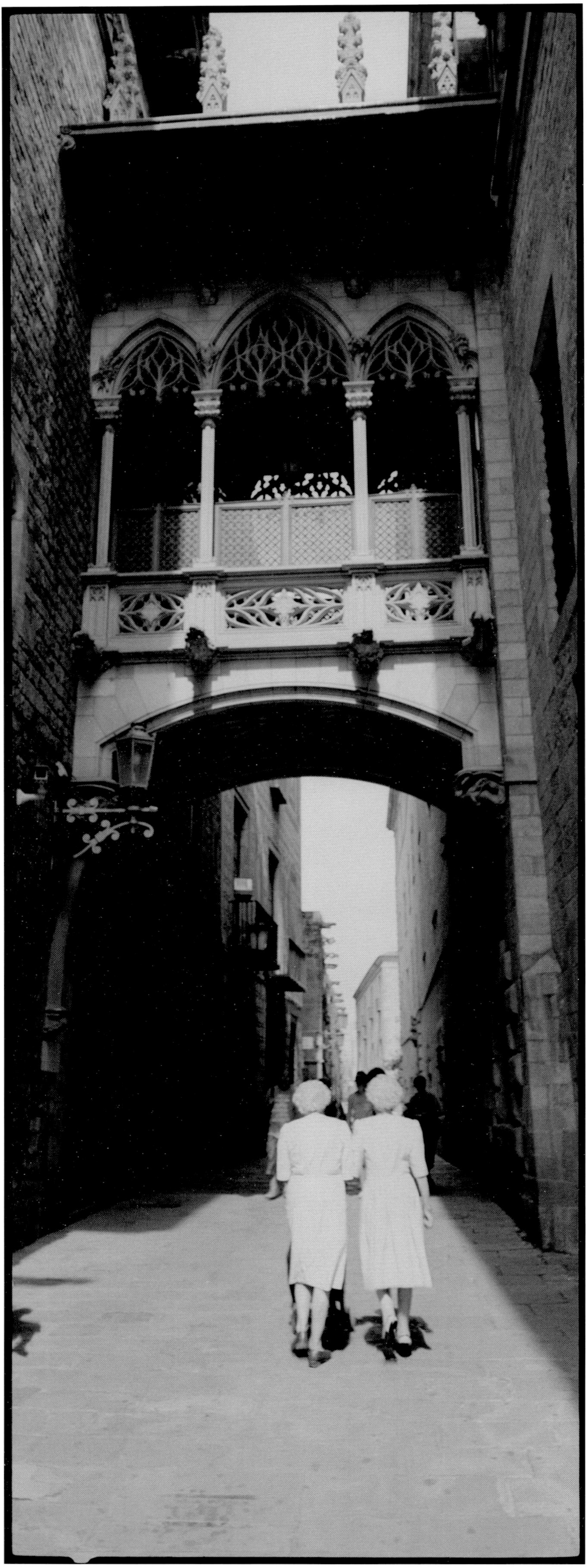

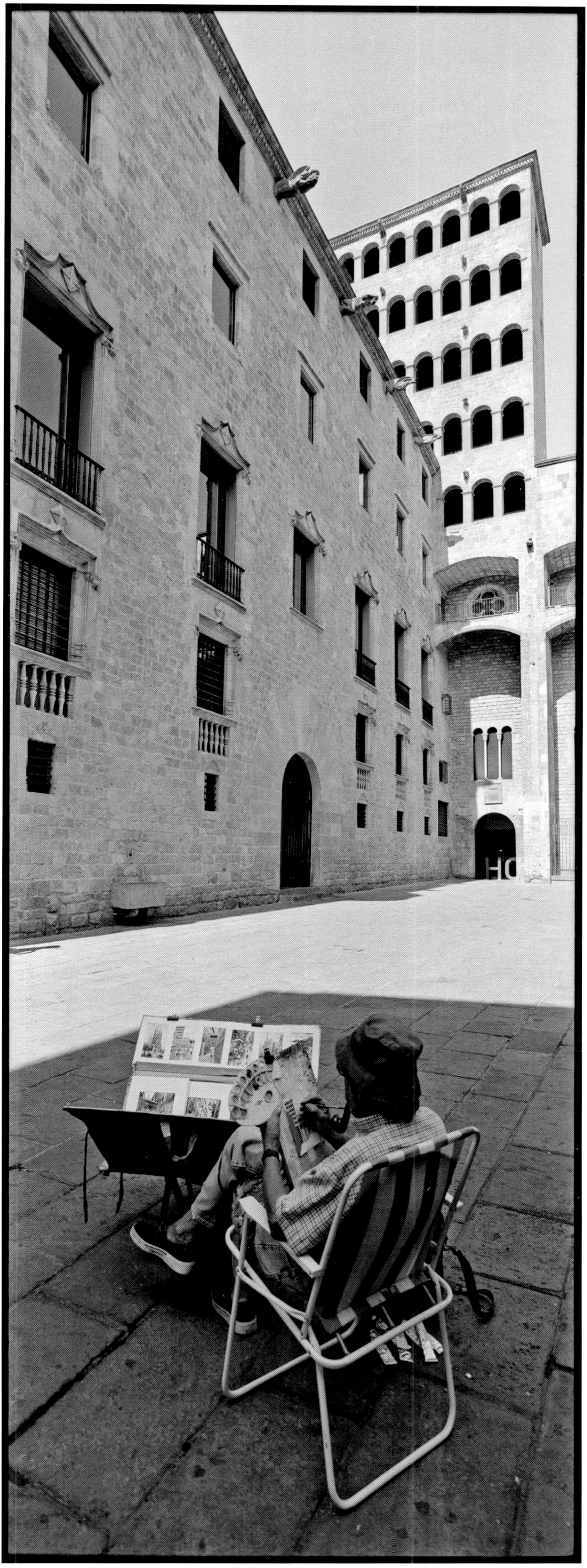

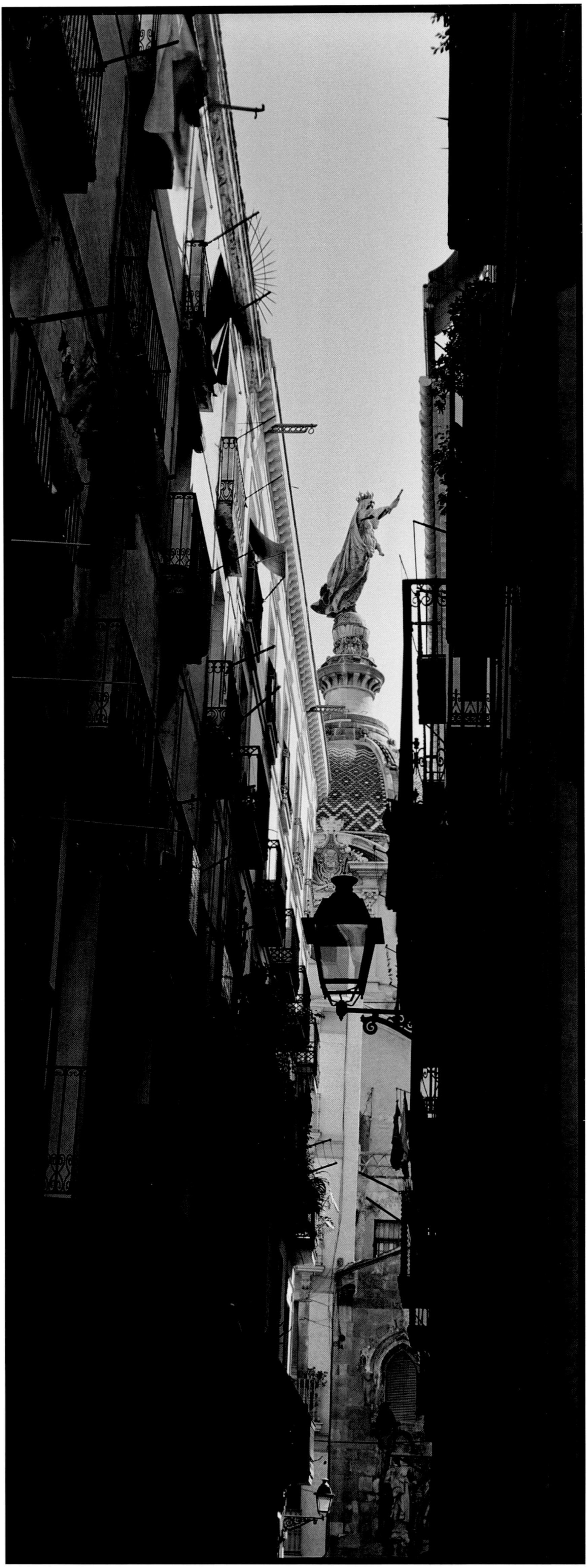

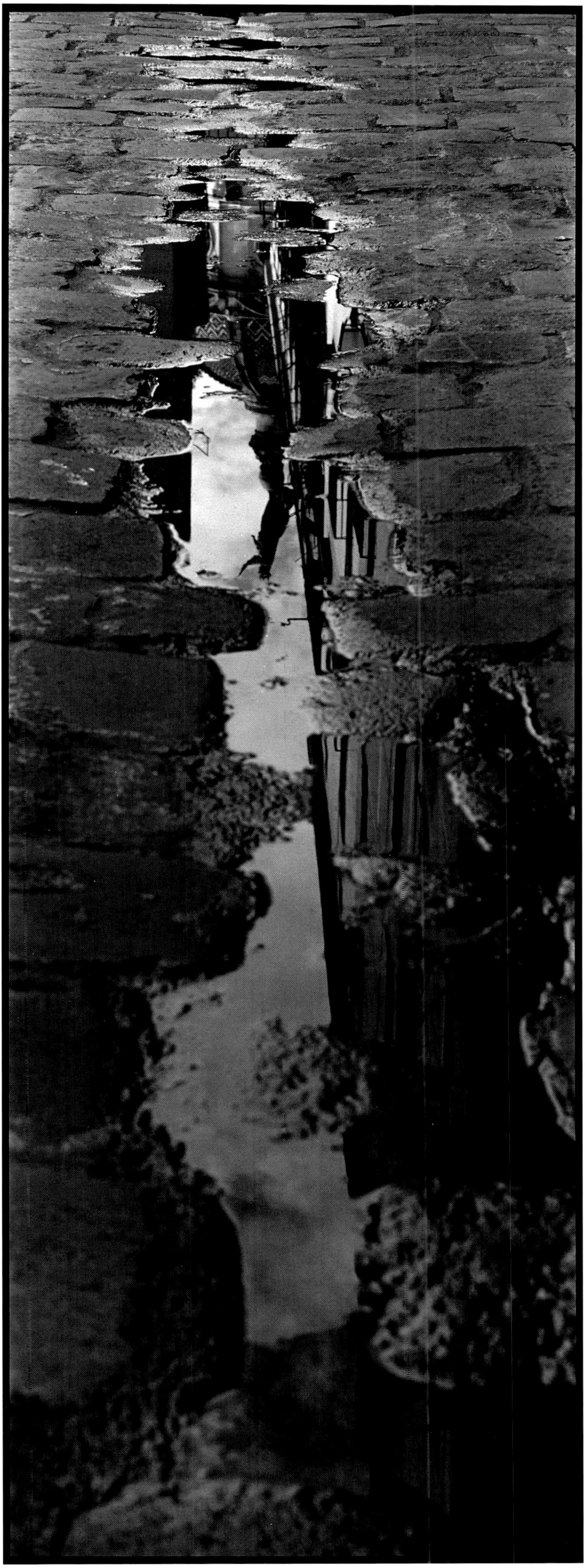

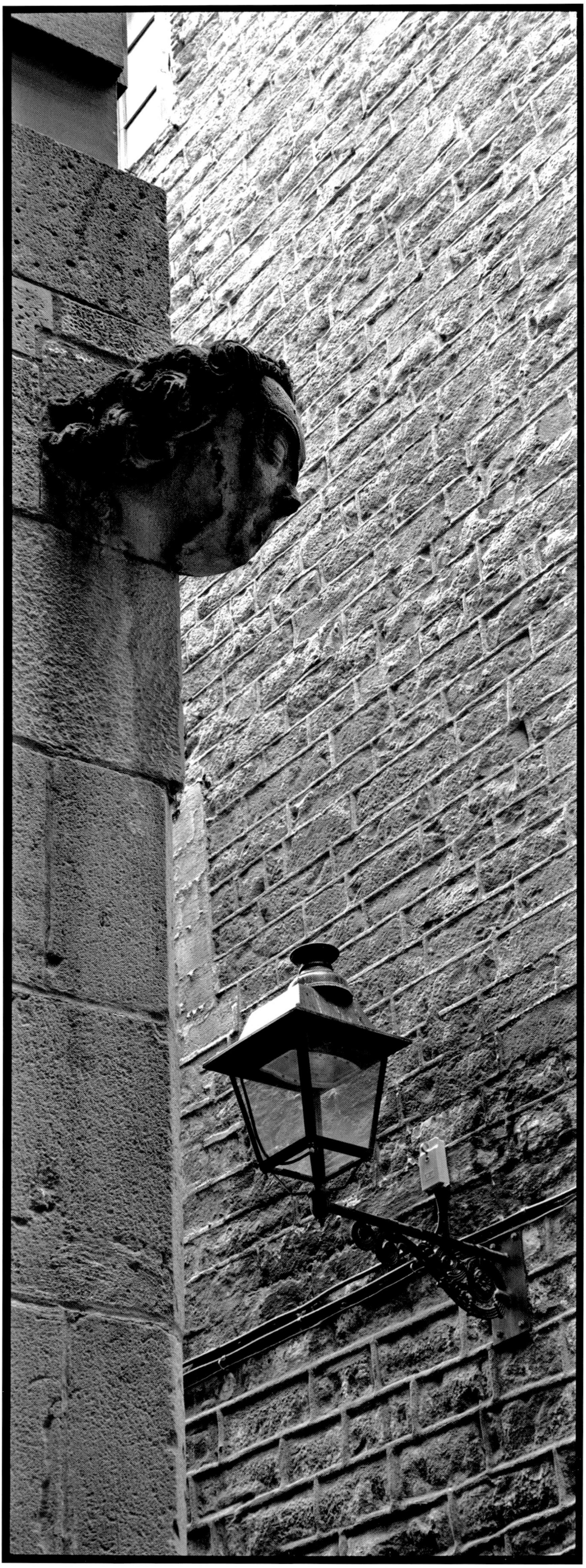

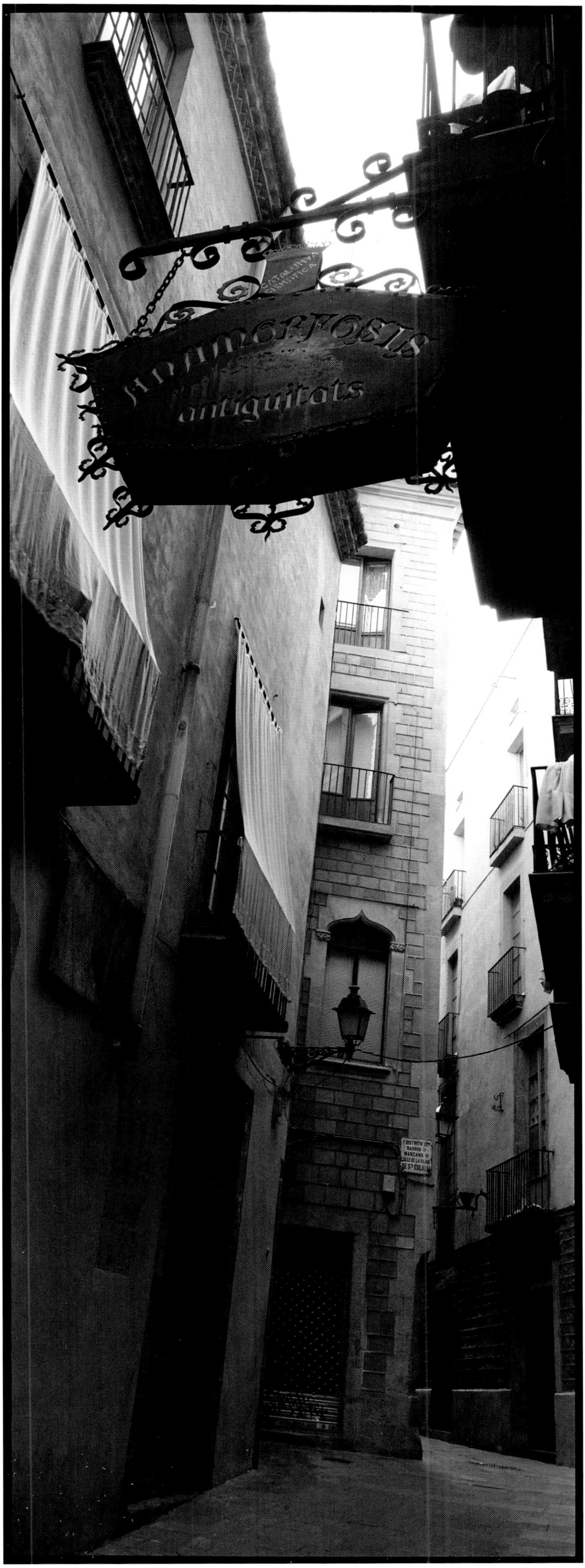
antiguitats

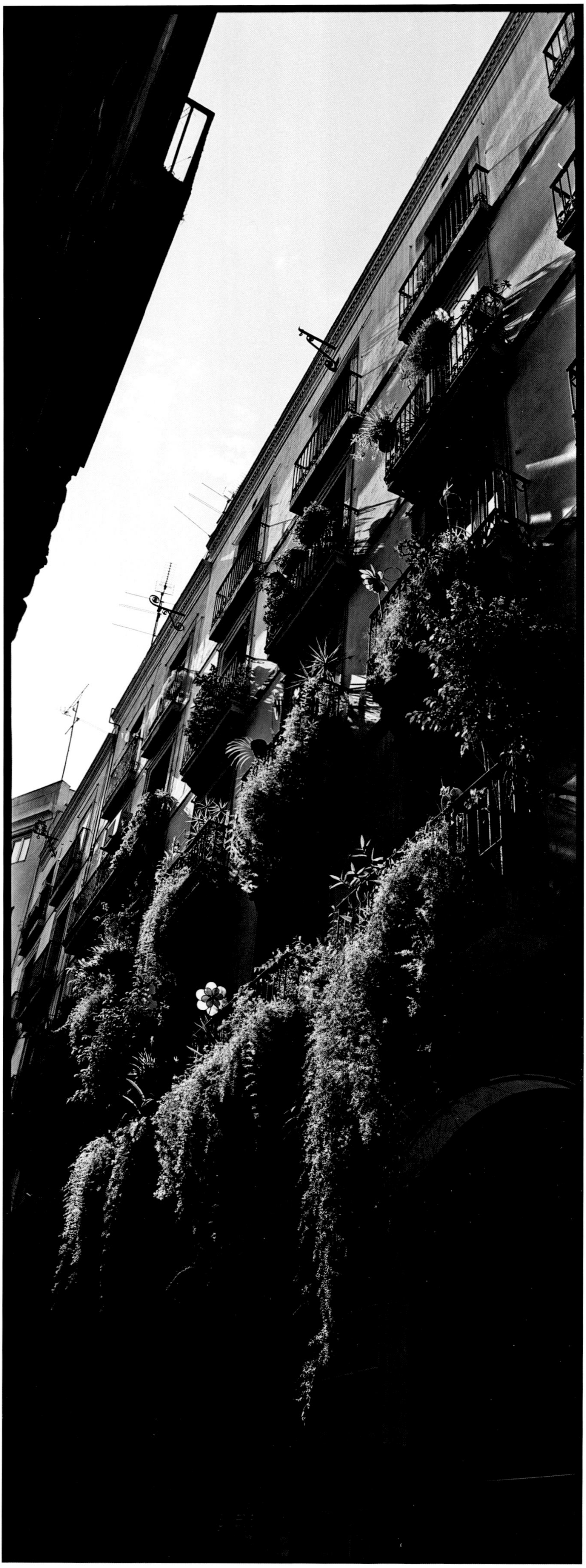

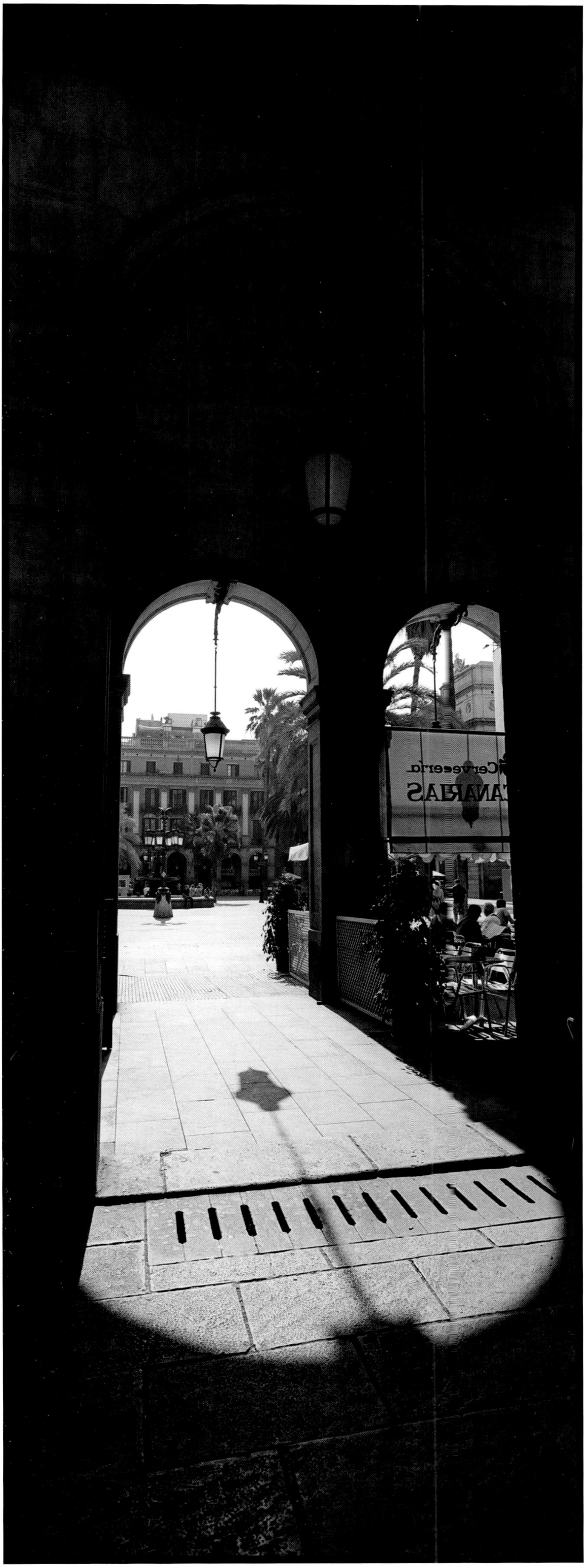

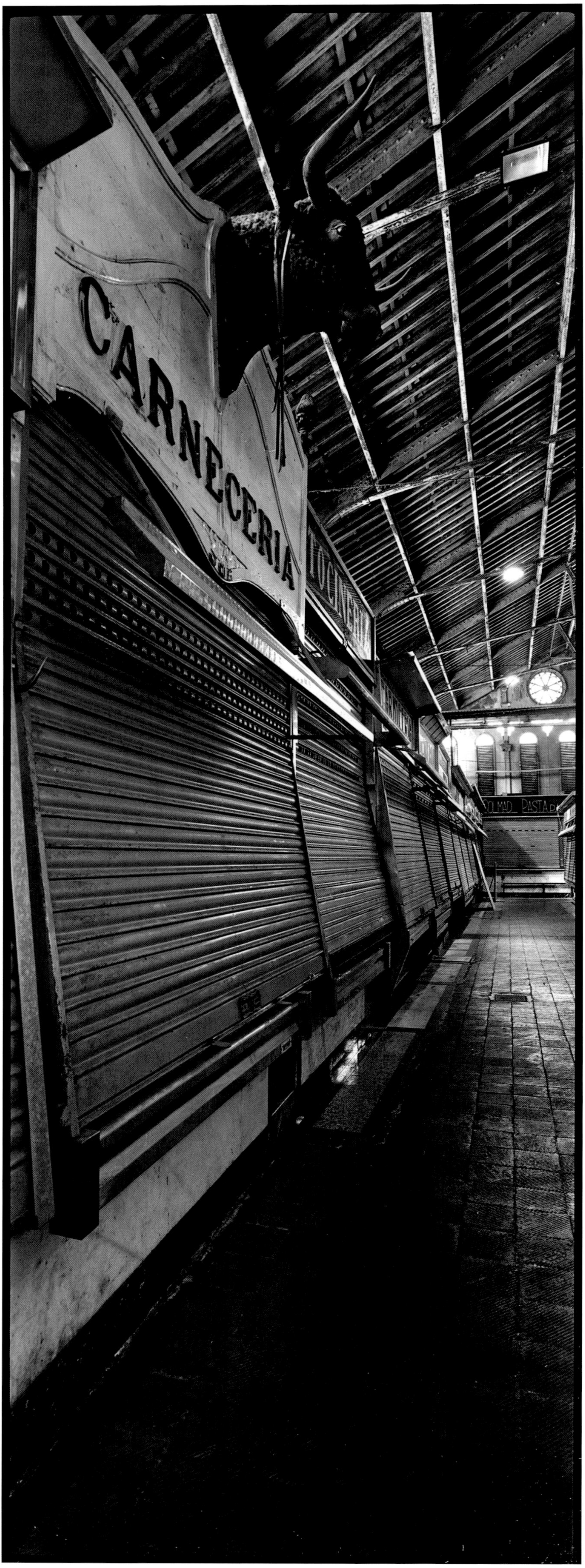
CARNECERIA
TOCINERIA

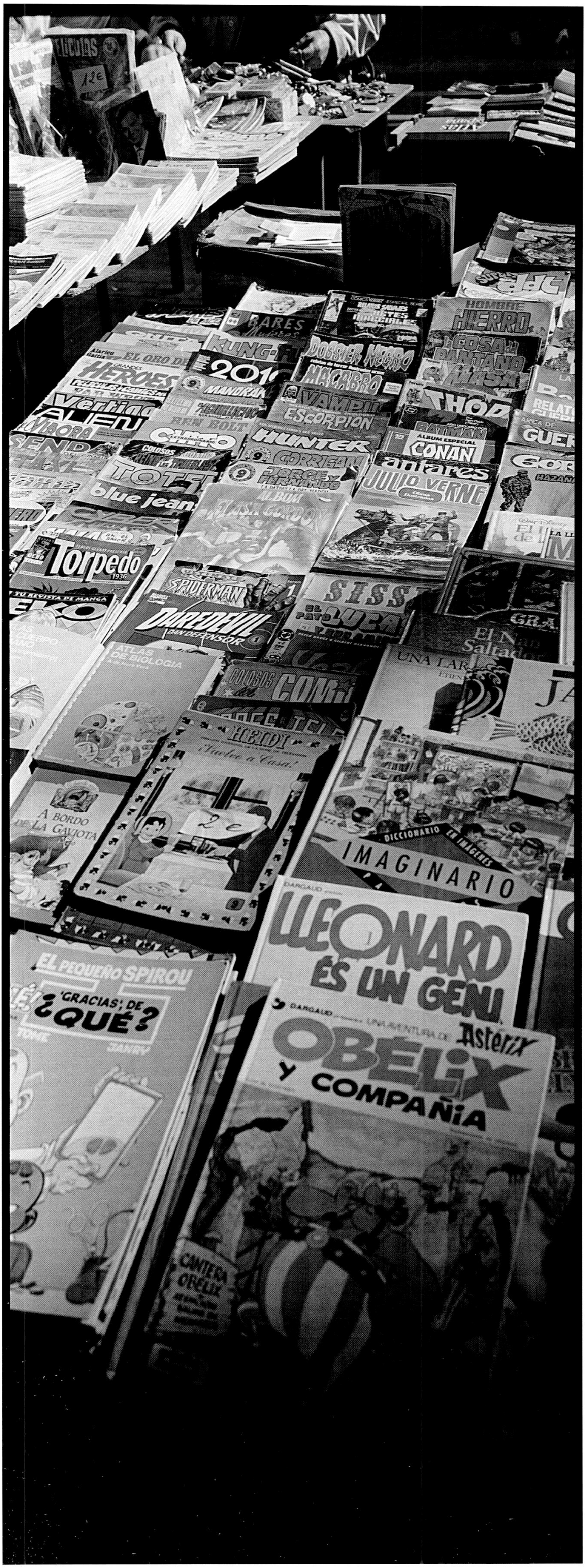

1,2€
HOMBRE HIERRO
KUNG-FU
DOSSIER NEGRO
MACABRO
GRANDES HÉROES
EL ORO DE
MANDRAKE
Vértigo
ALIEN
BEN BOLT
ESCORPION
HUNTER
CORRIGAN
ALBUM ESPECIAL
CONAN
JORGE Y FERNANDO
antares
JULIO VERNE
blue jeans
ALBUM
FLASH GORDON
Torpedo
1936
SPIDERMAN
DAREDEVIL
TU REVISTA DE MANGA
ATLAS DE BIOLOGIA
COLOSOS
HEIDI
2€
A BORDO DE LA GAVIOTA
DICCIONARIO EN IMÁGENES
IMAGINARIO
DARGAUD
LLEONARD ÉS UN GENI
EL PEQUEÑO SPIROU
¿GRACIAS, DE QUÉ?
TOME
JANRY
UNA AVENTURA DE Astérix
OBÉLIX Y COMPAÑIA
CANTERA OBÉLIX

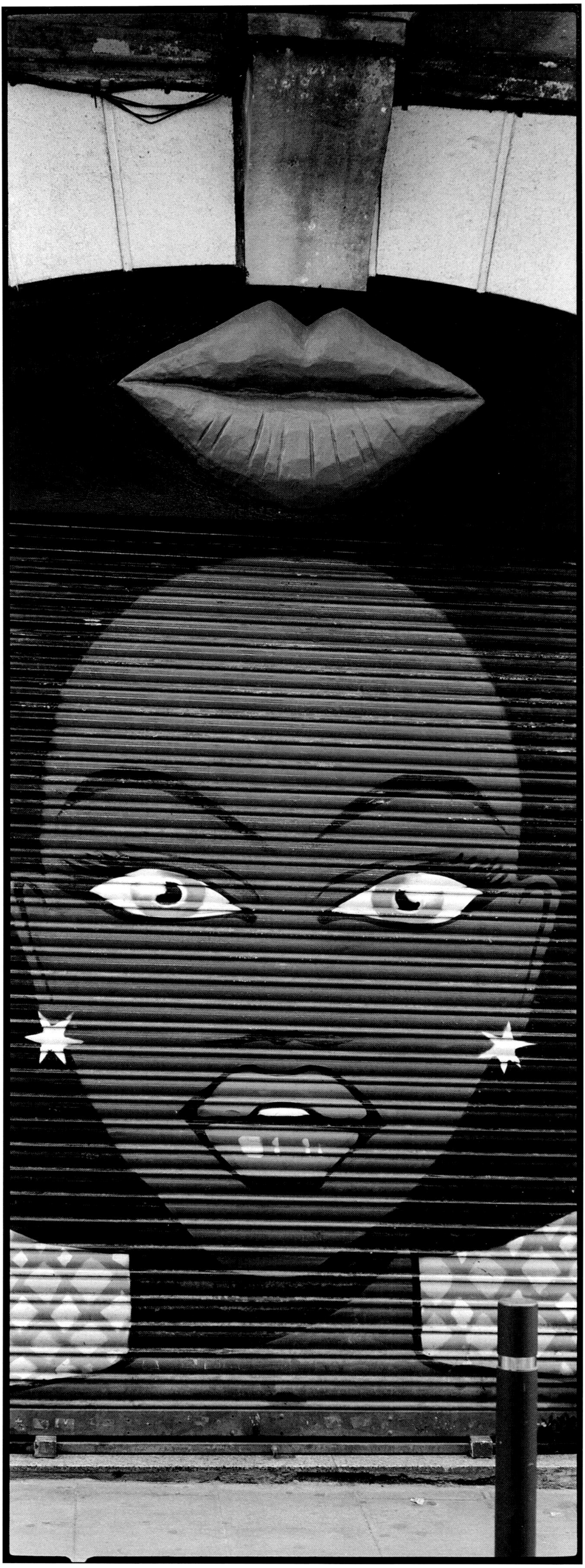

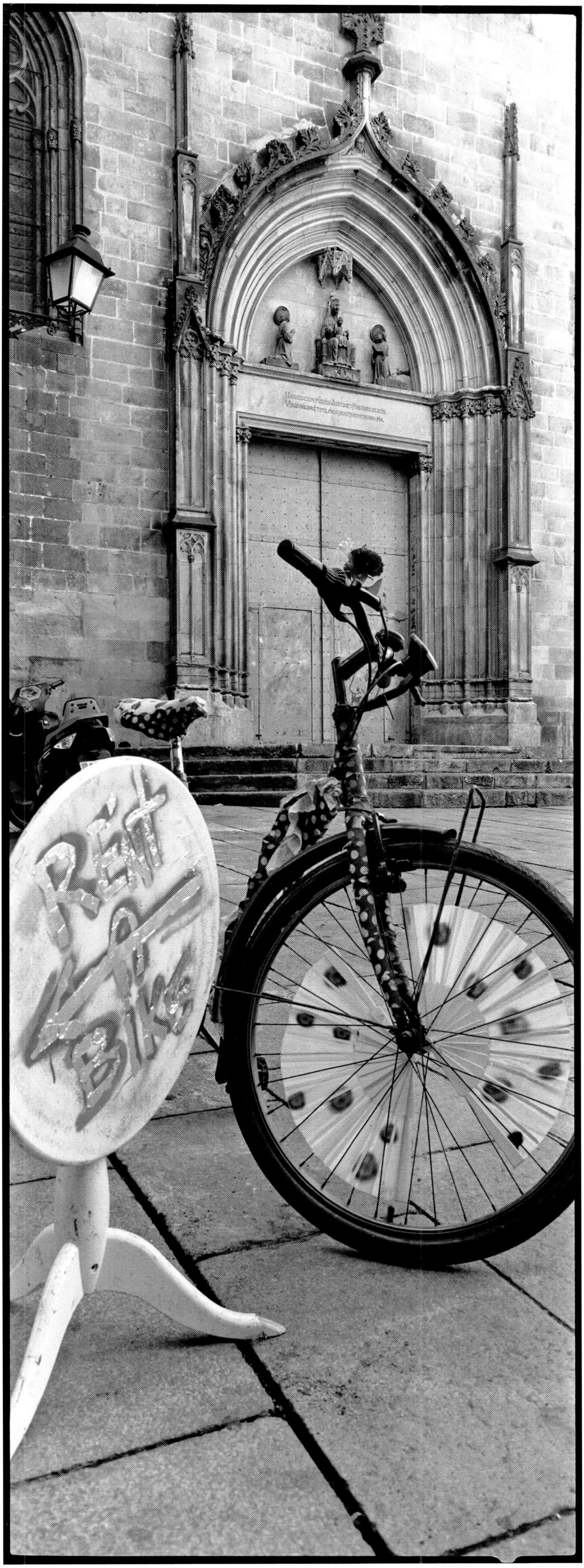

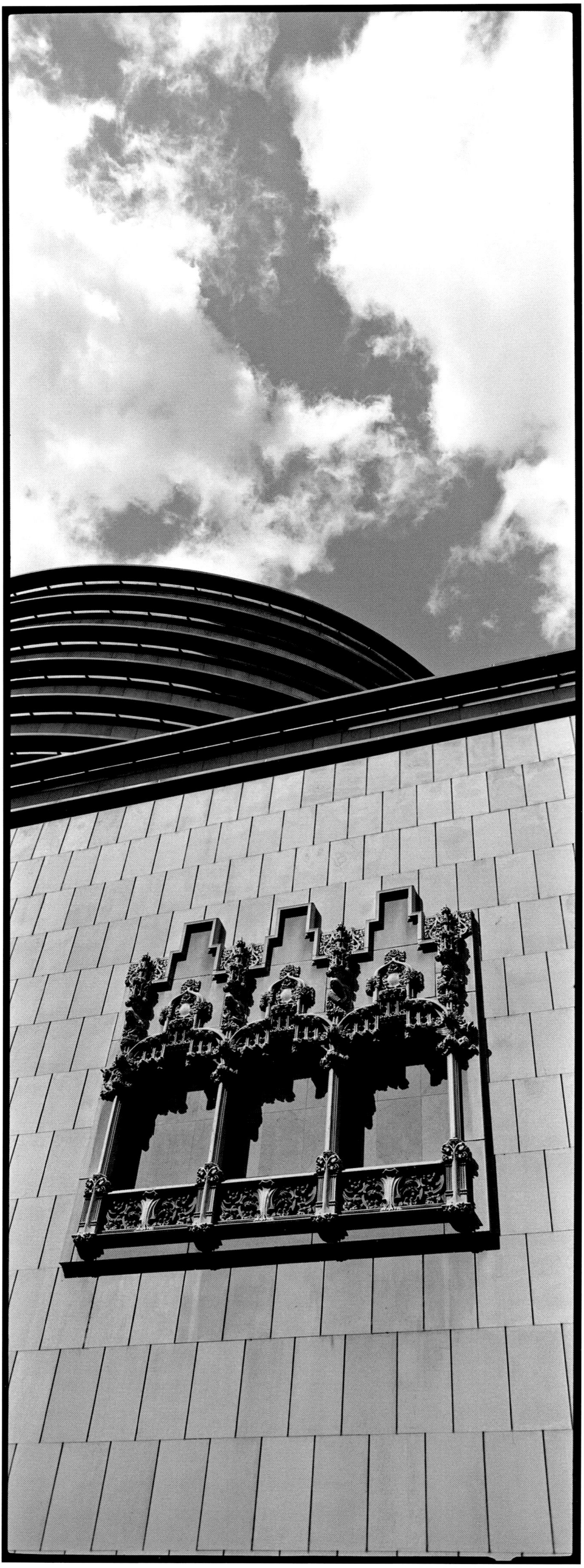

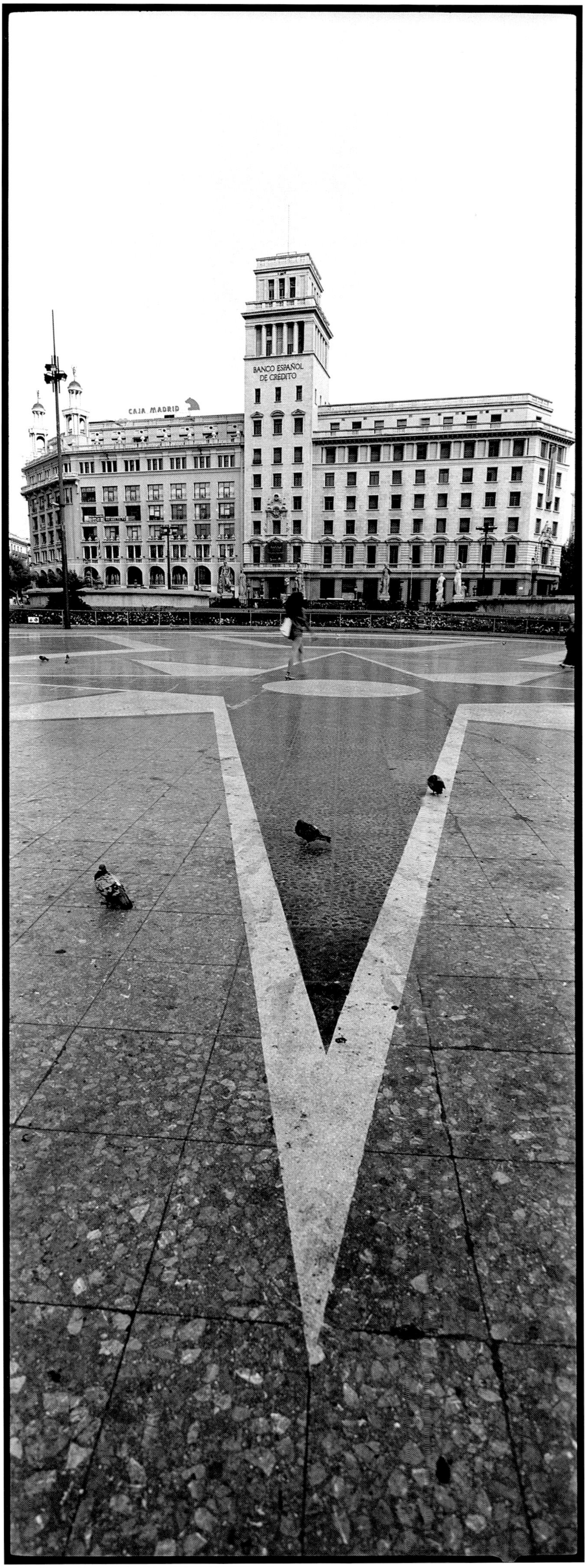
CAJA MADRID
BANCO ESPAÑOL
DE CREDITO

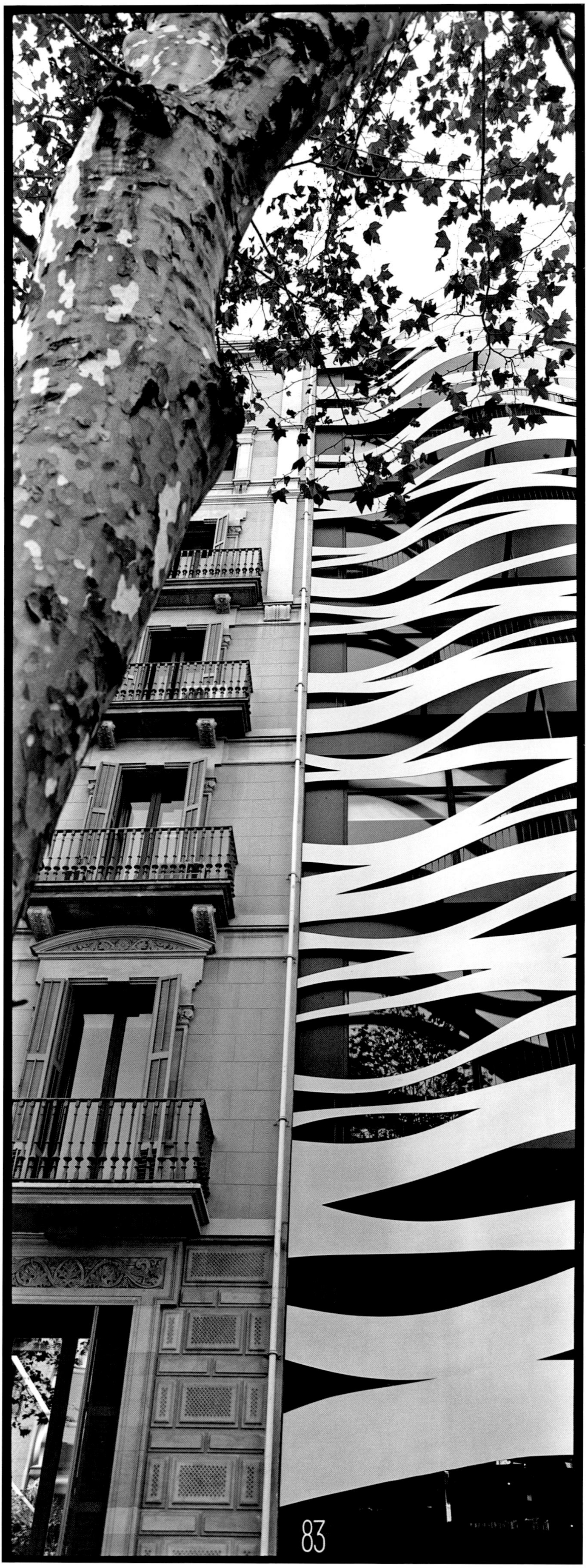
83

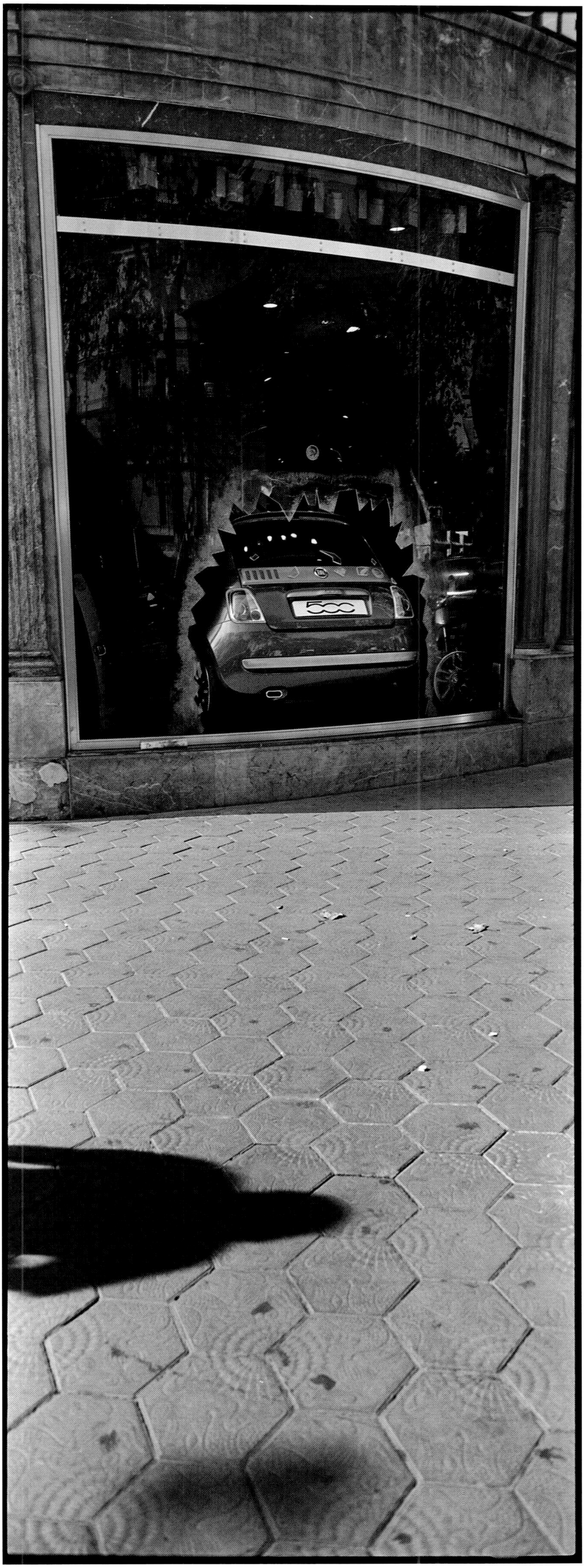
500

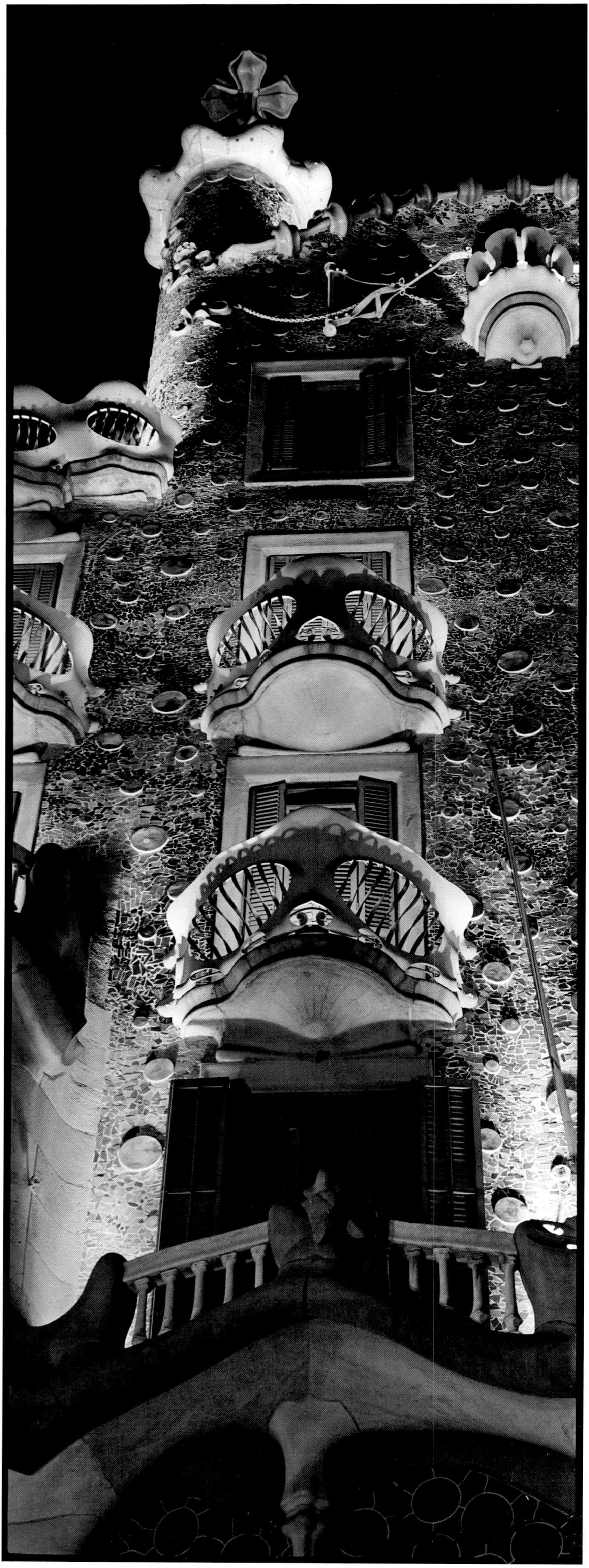

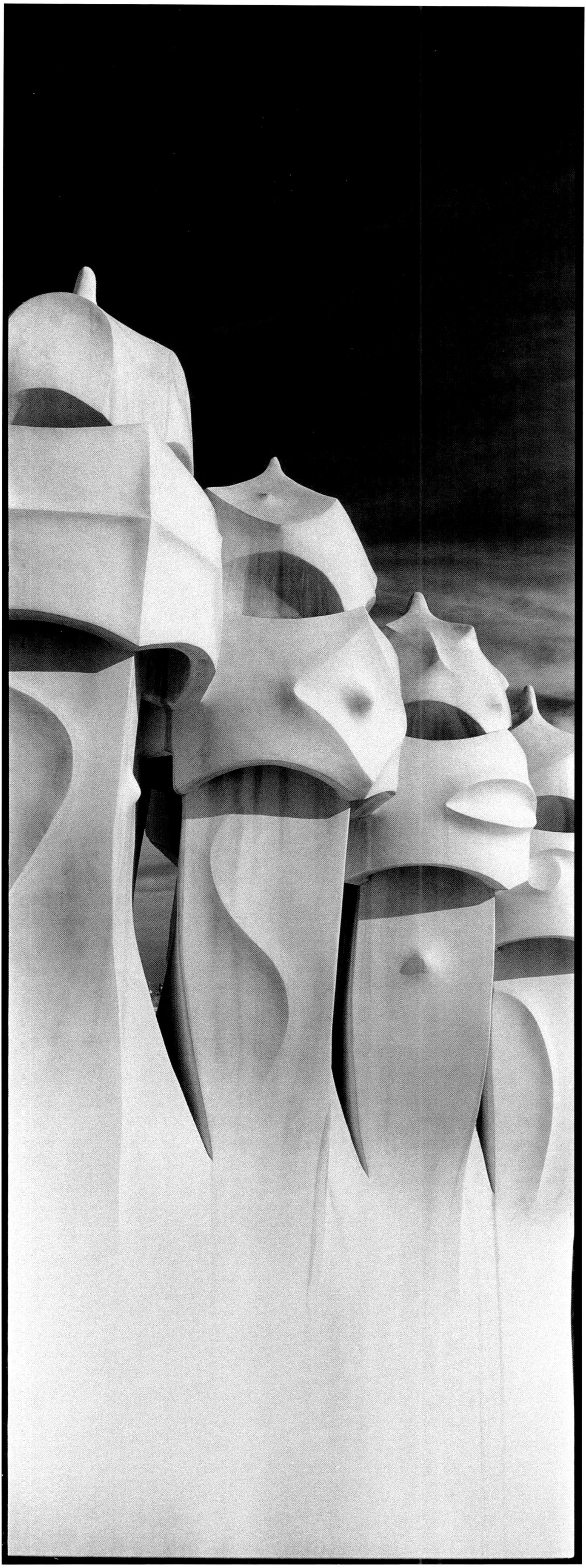

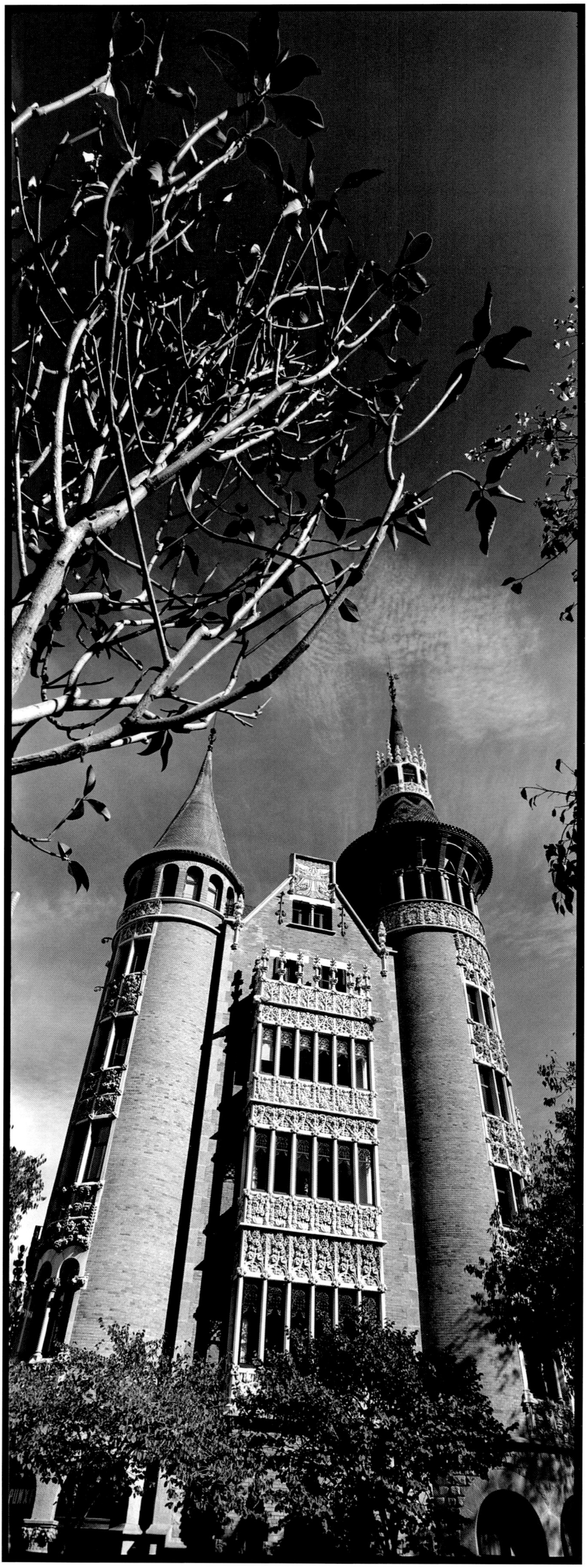

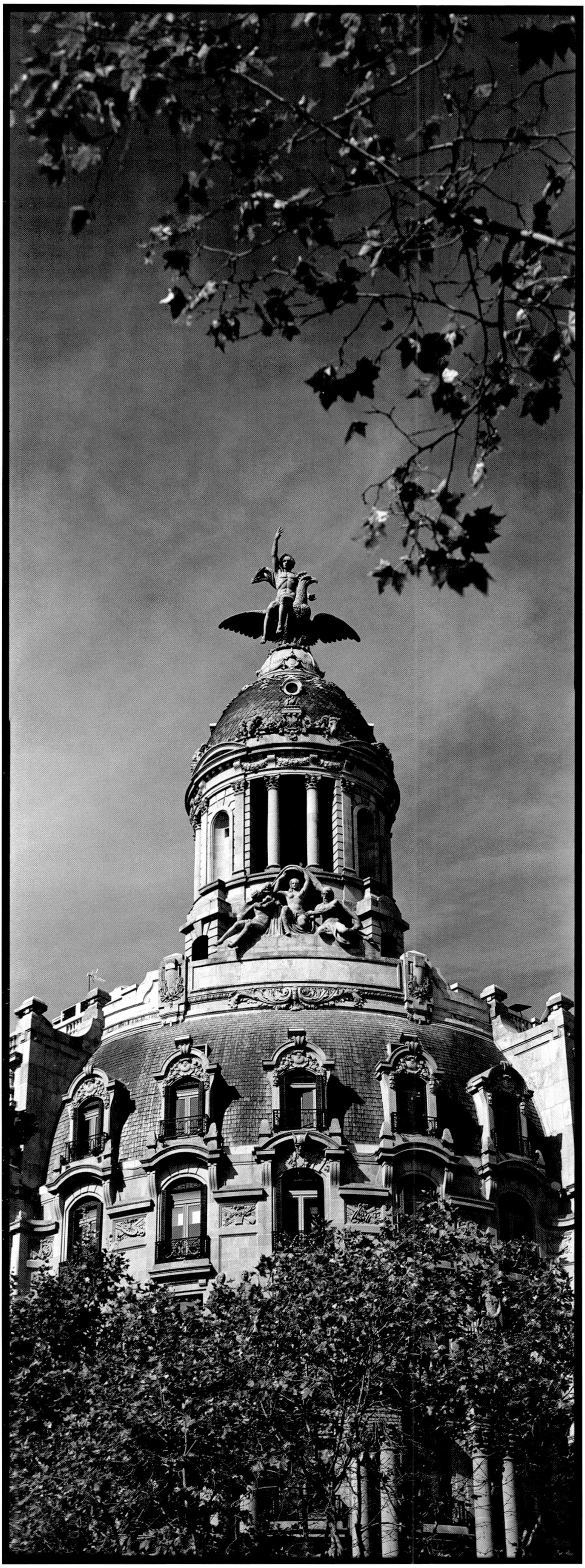

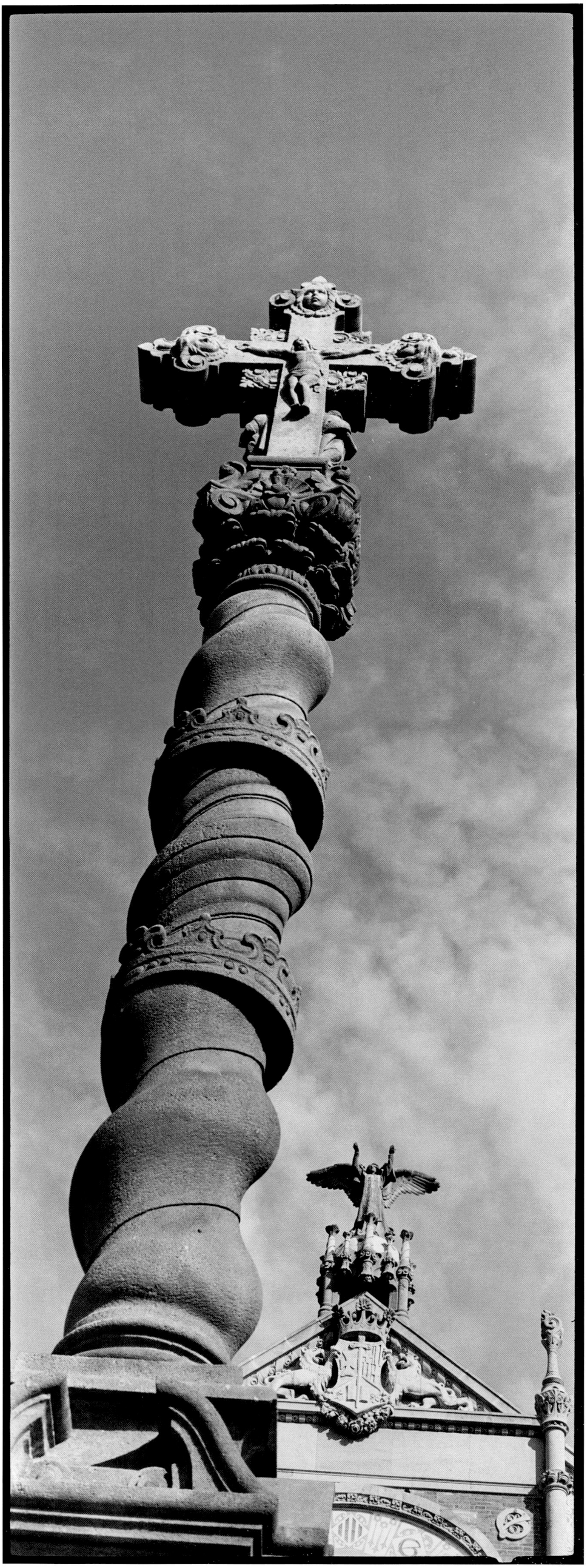

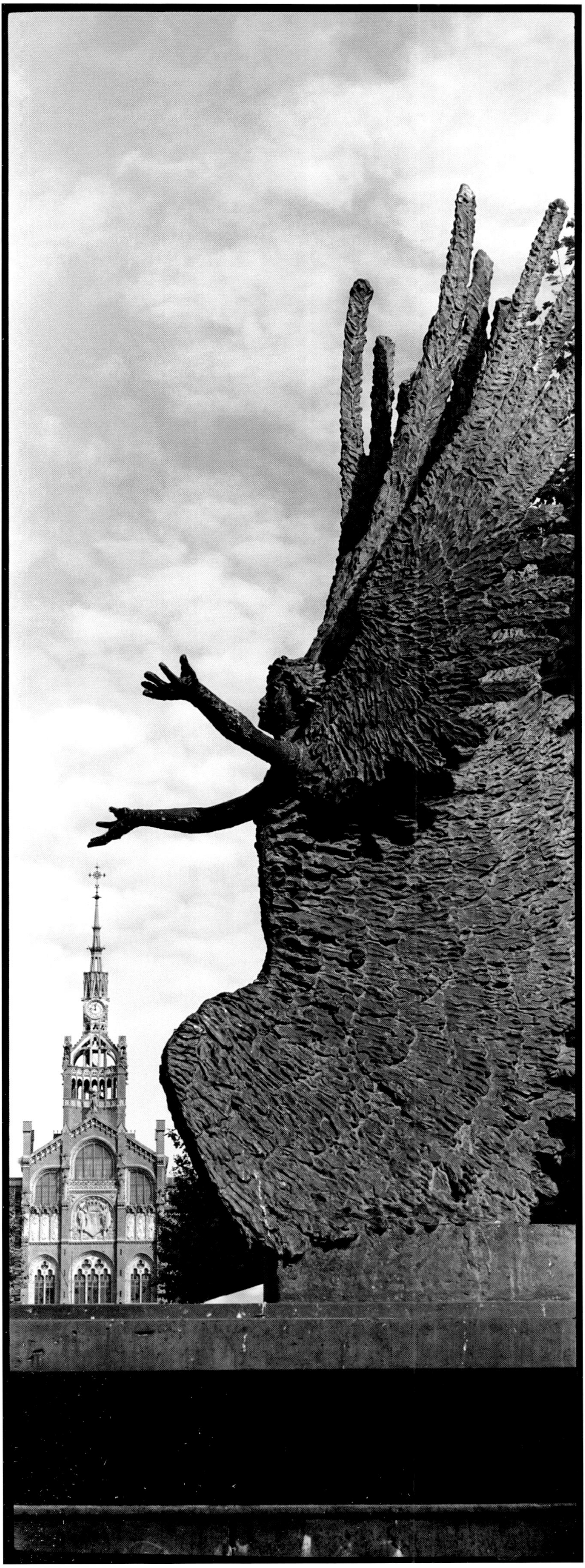

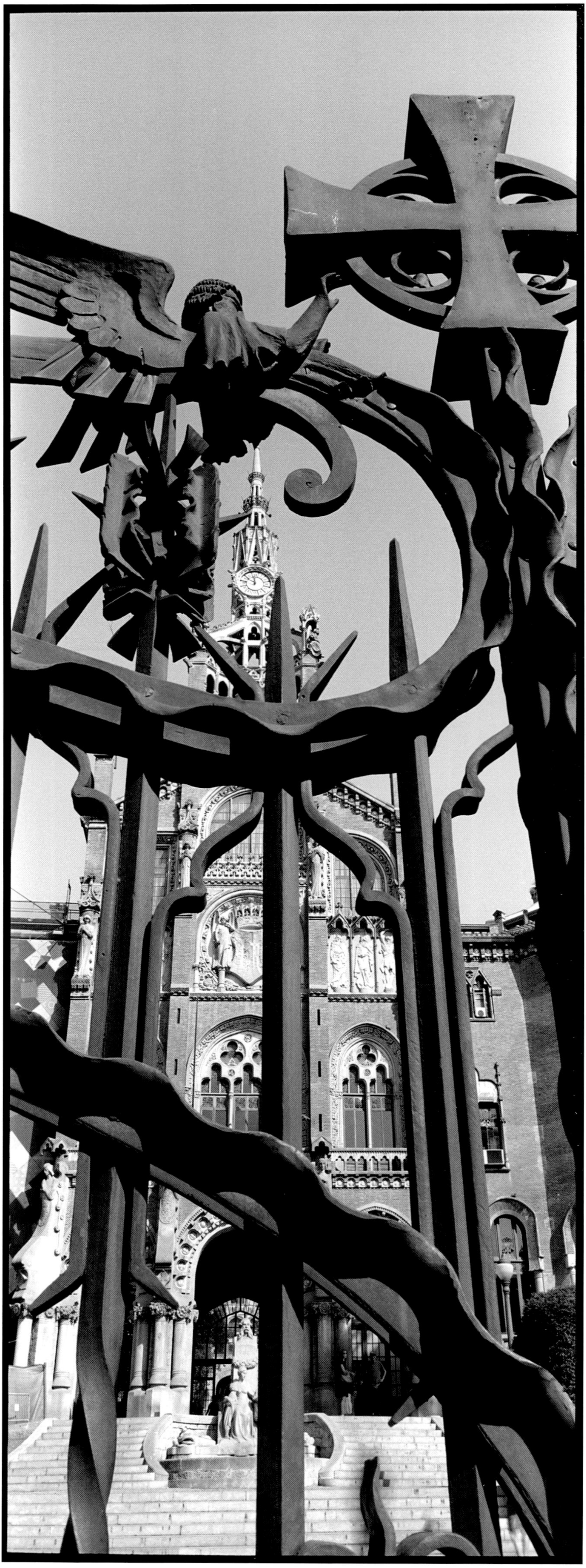

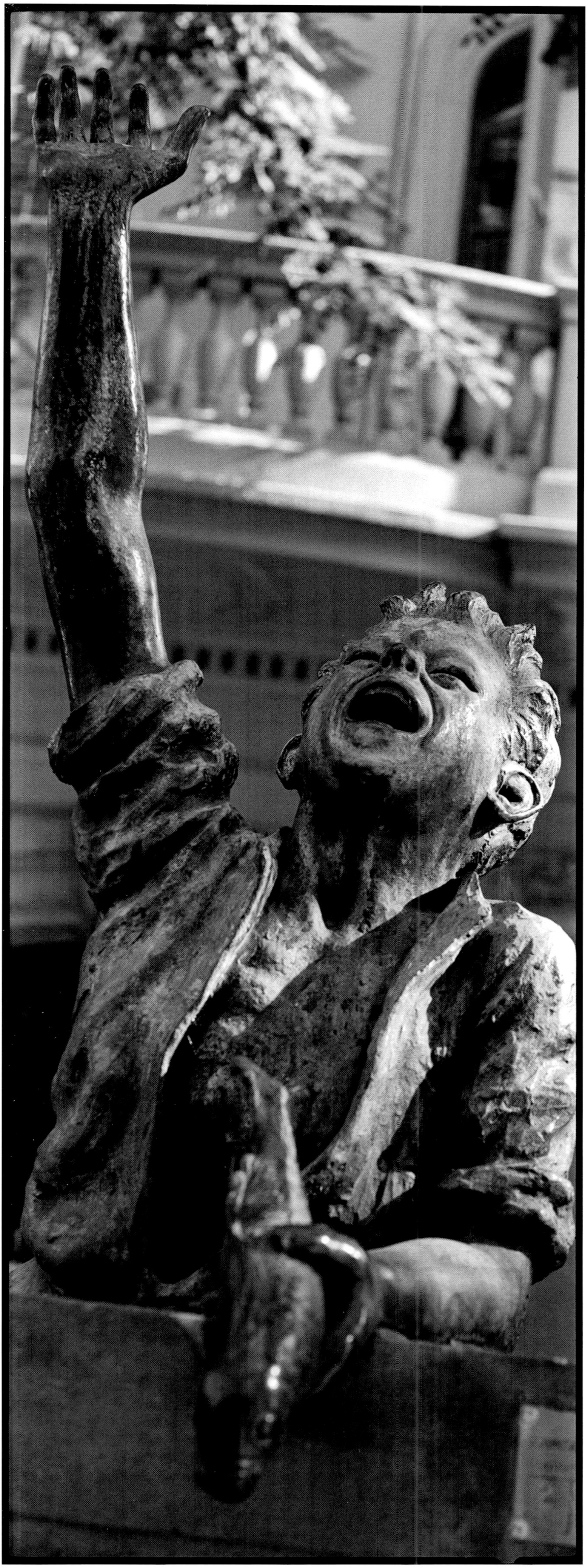

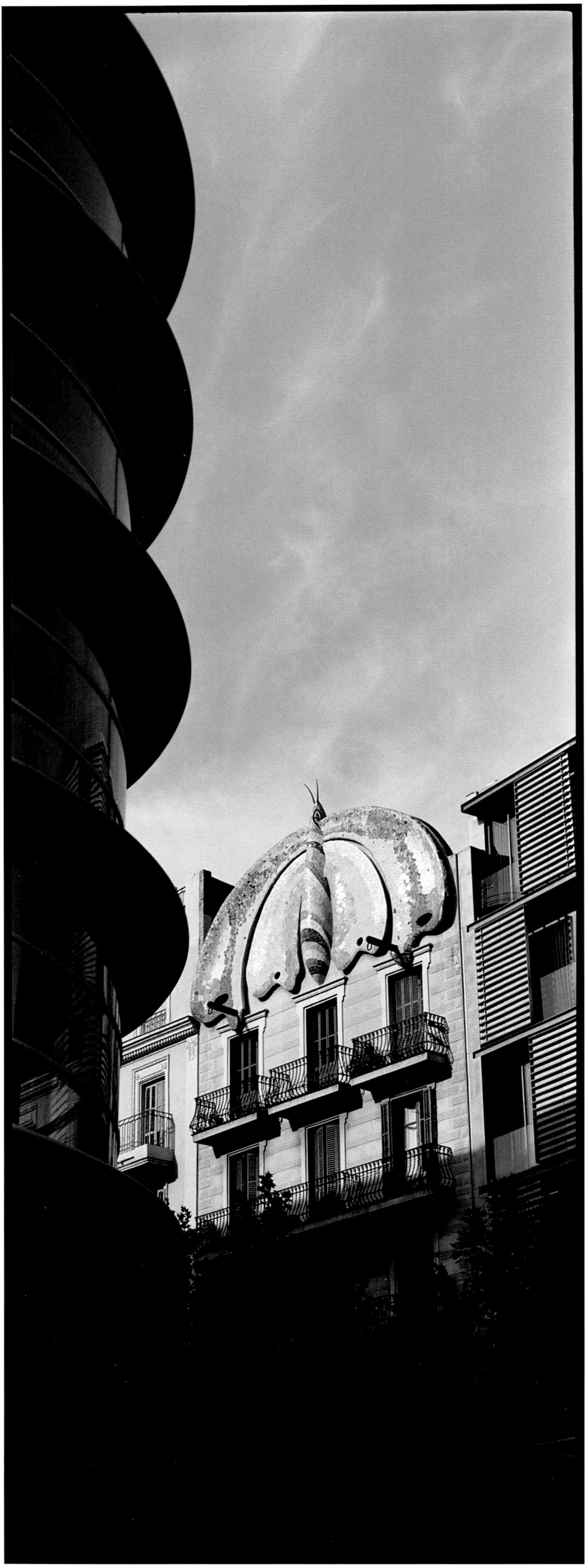

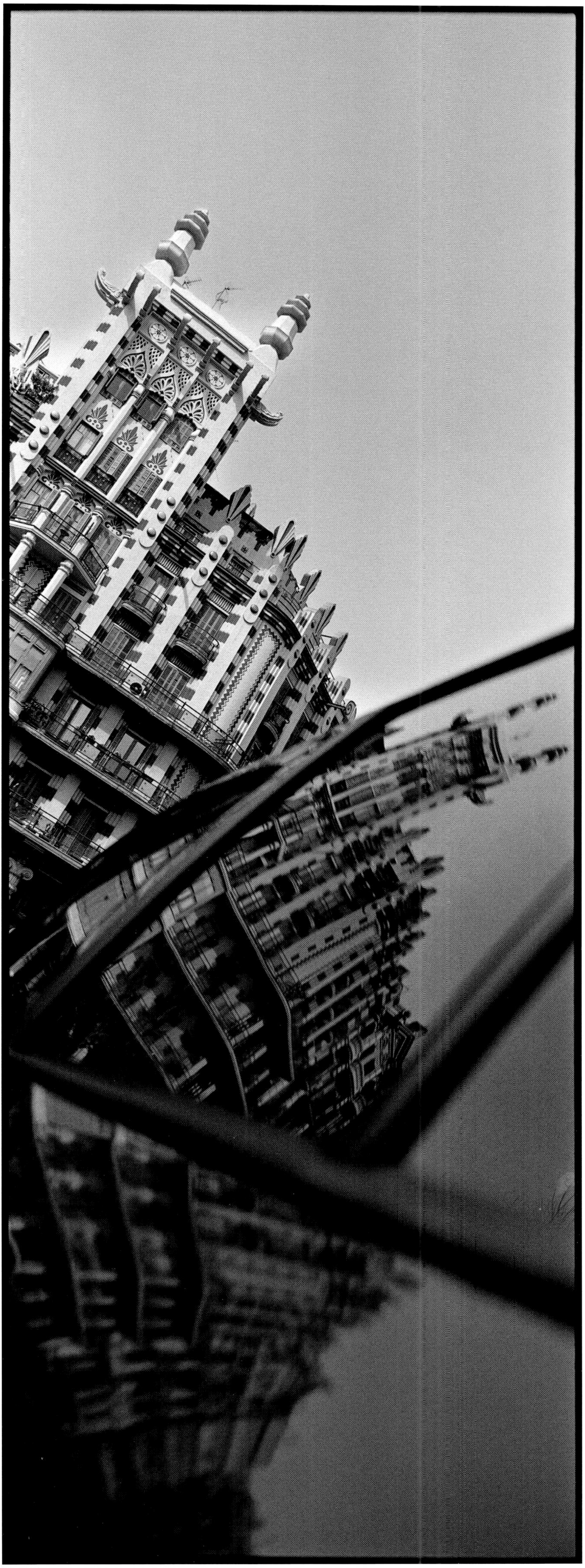

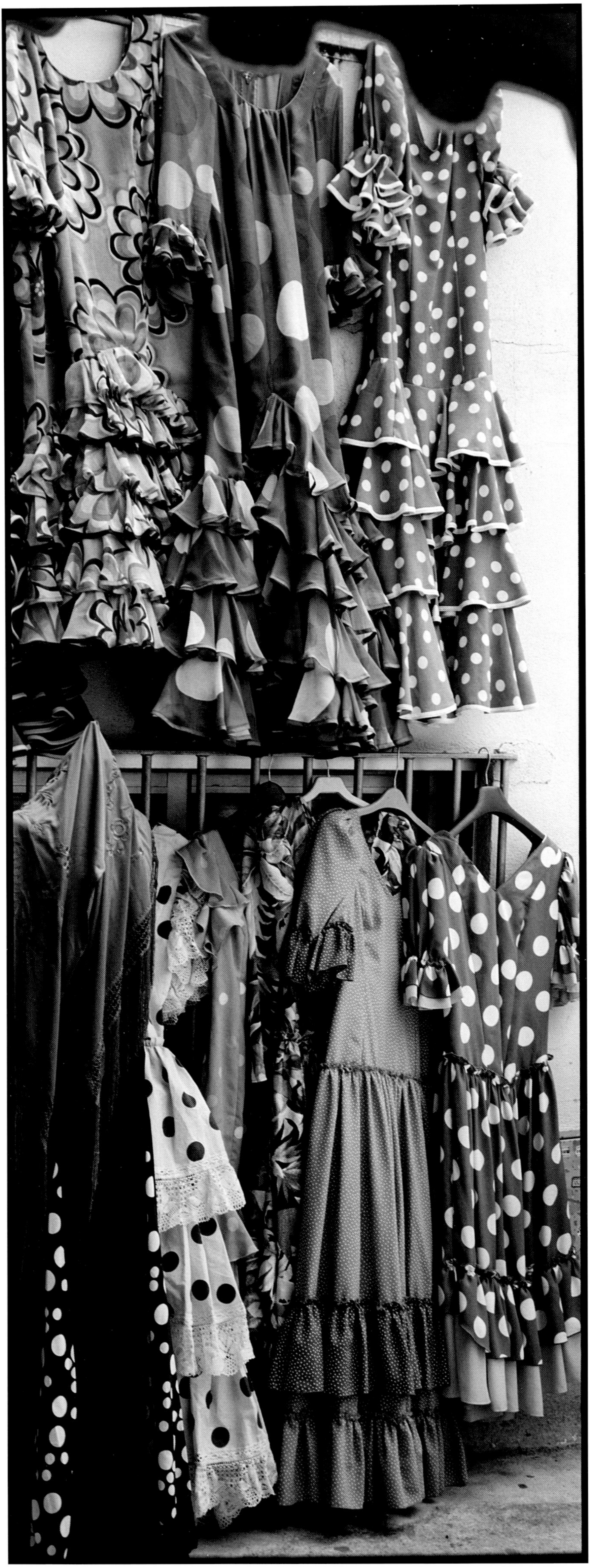

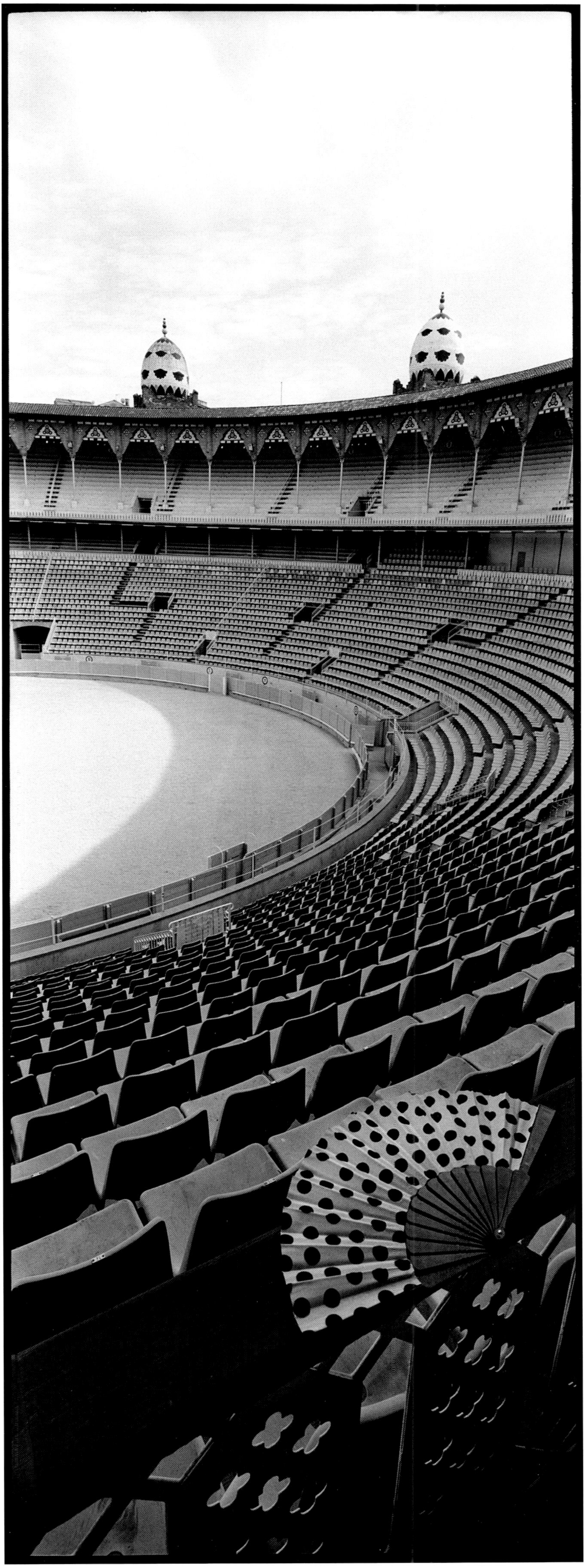

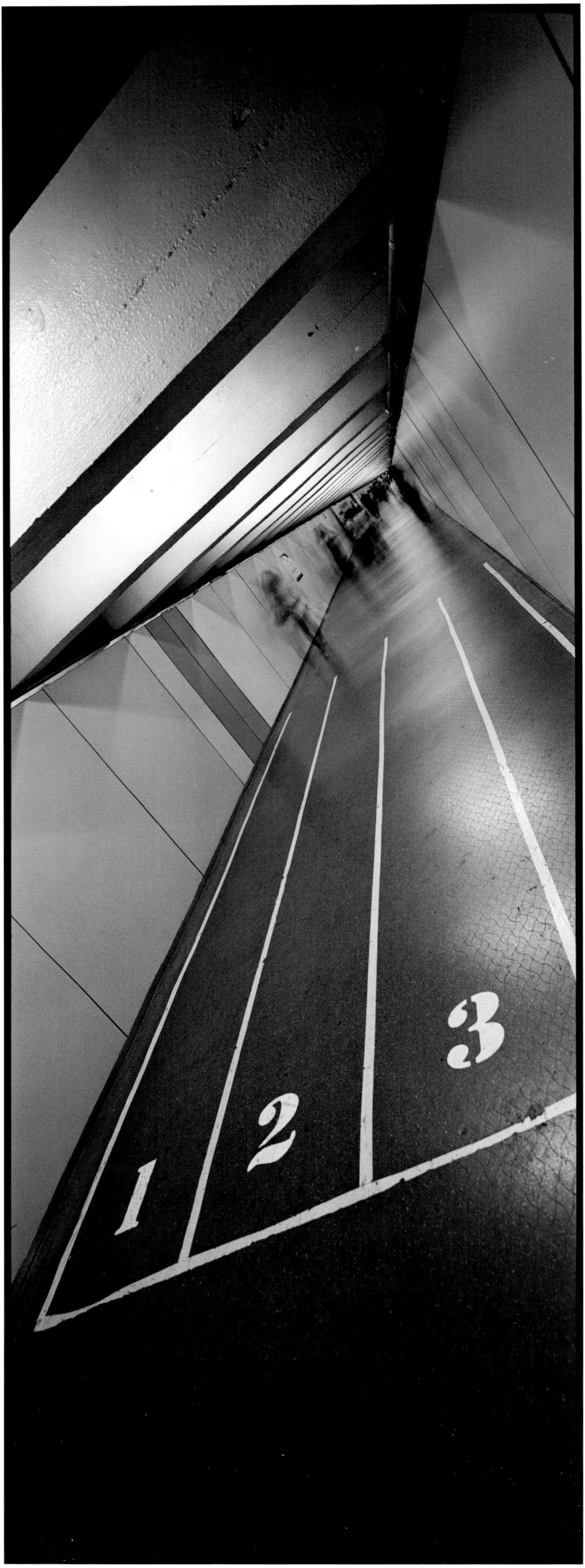

1
2
3

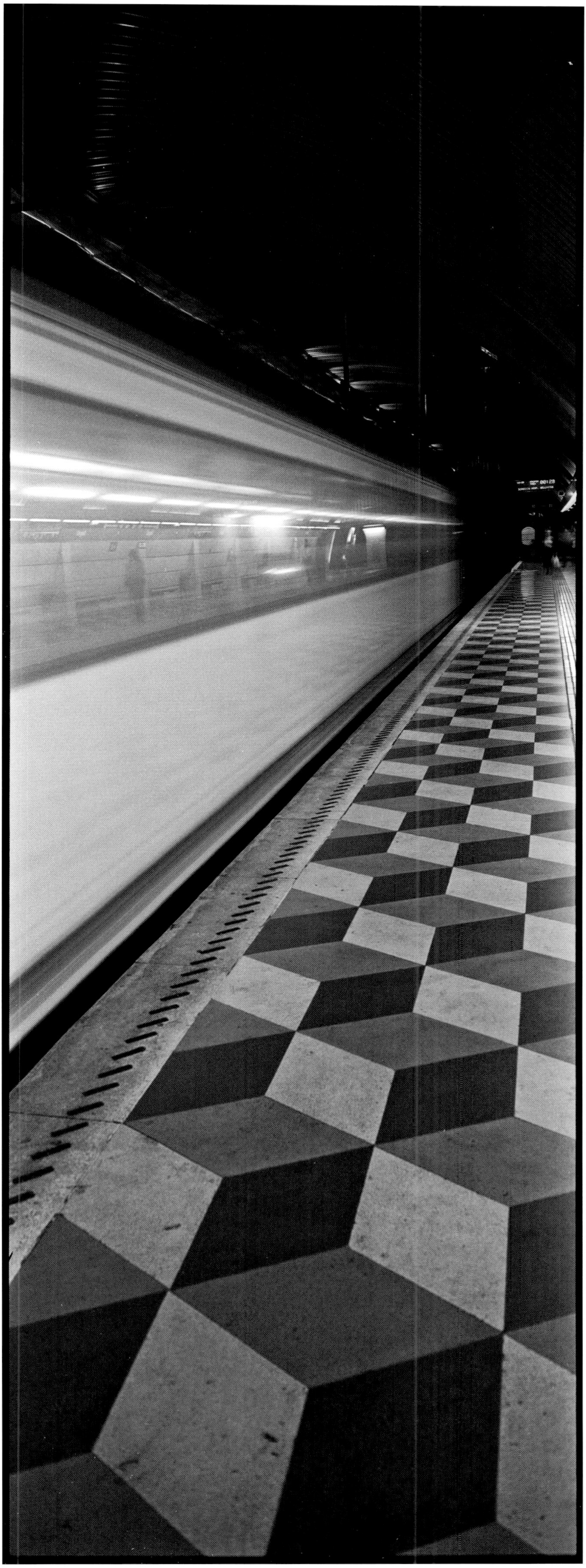

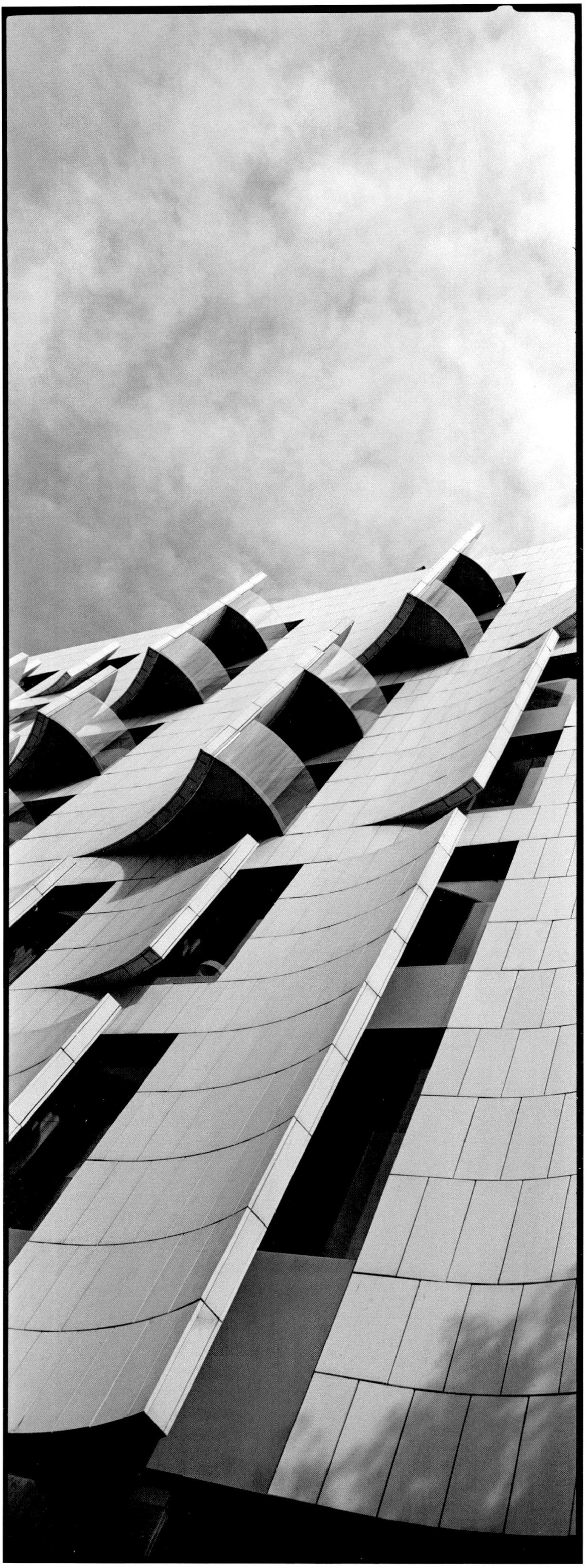

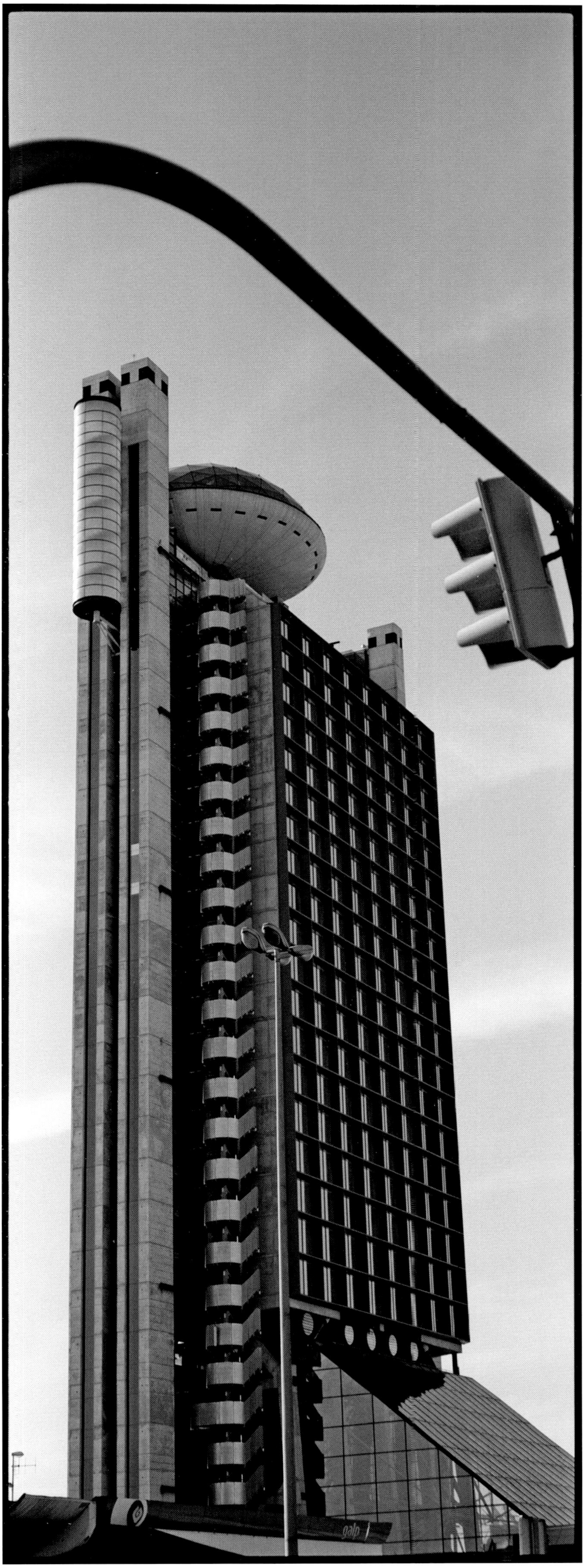

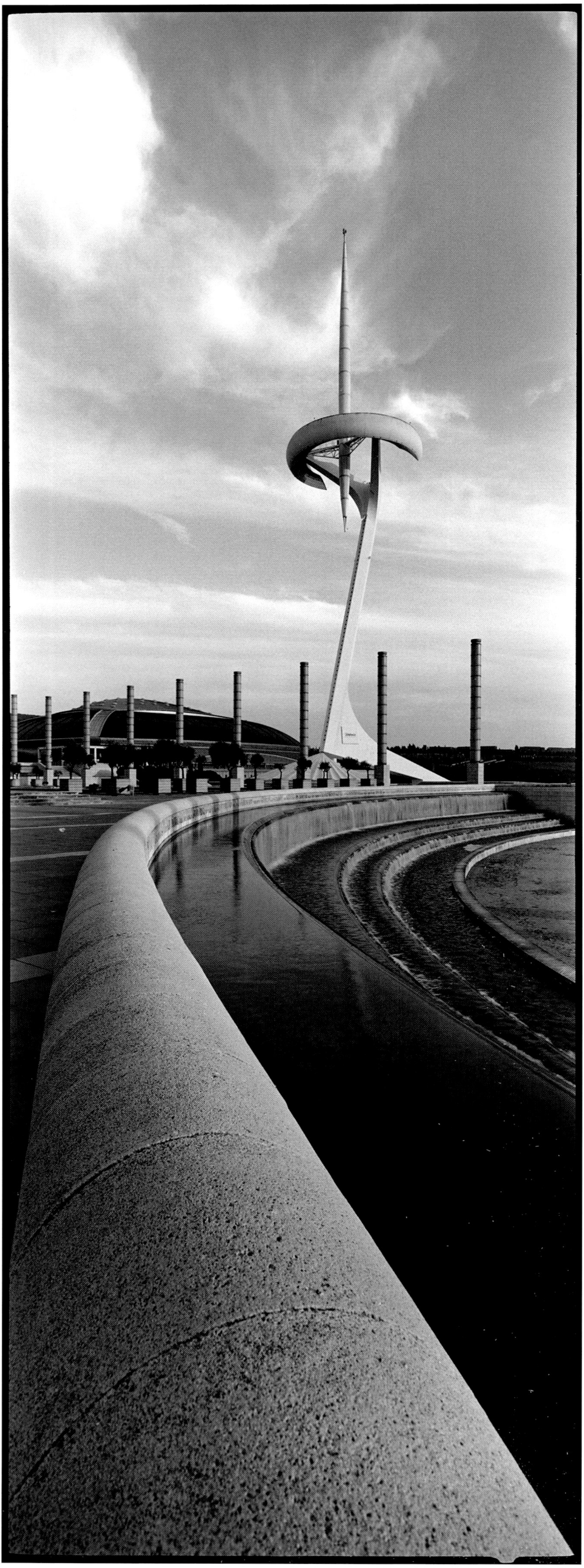

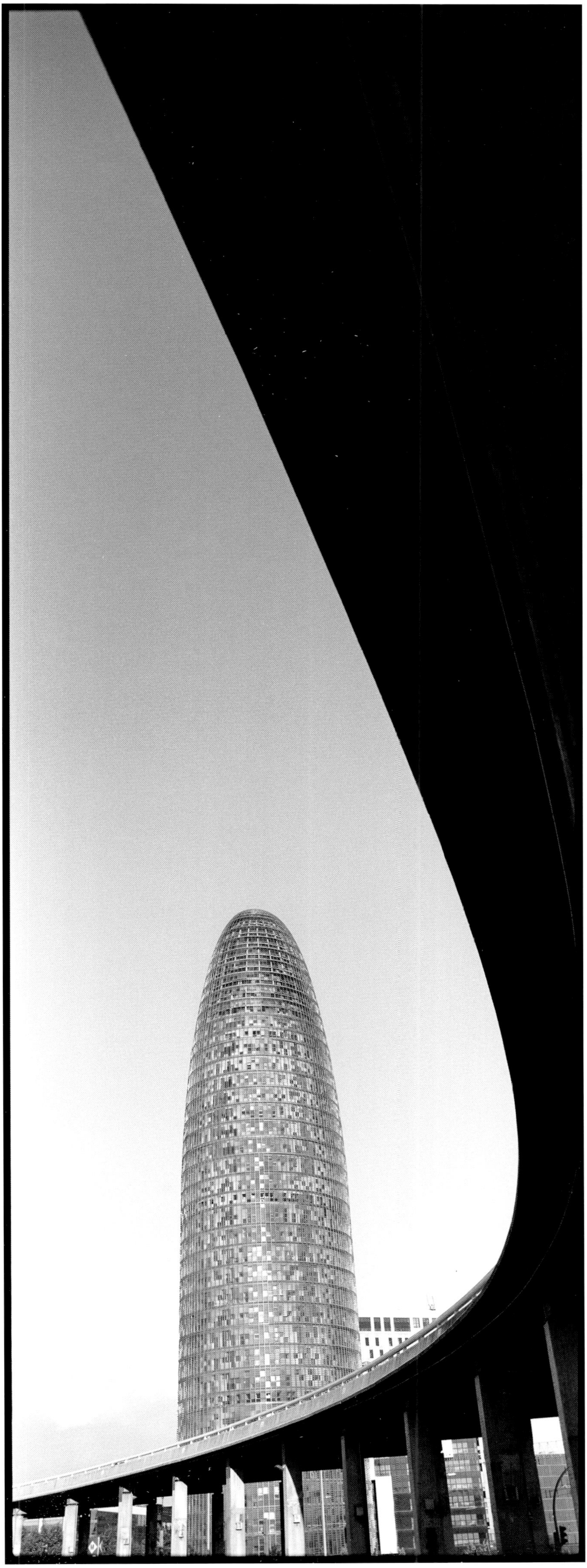

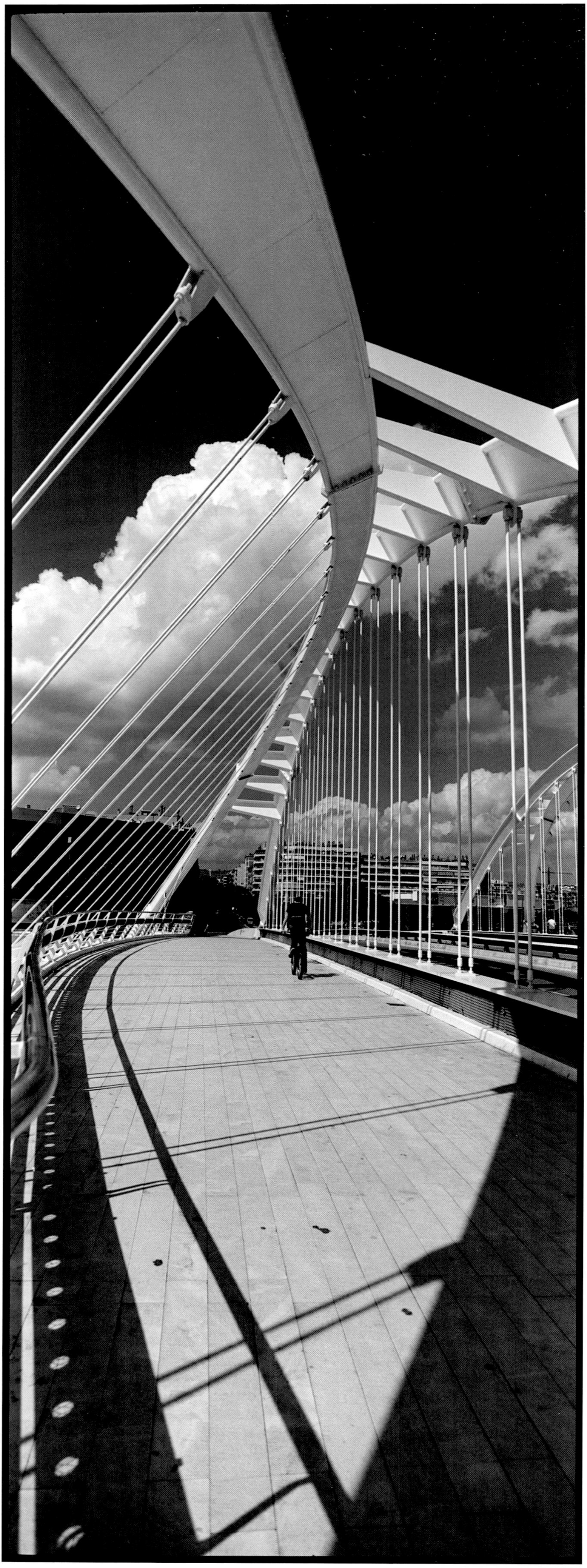

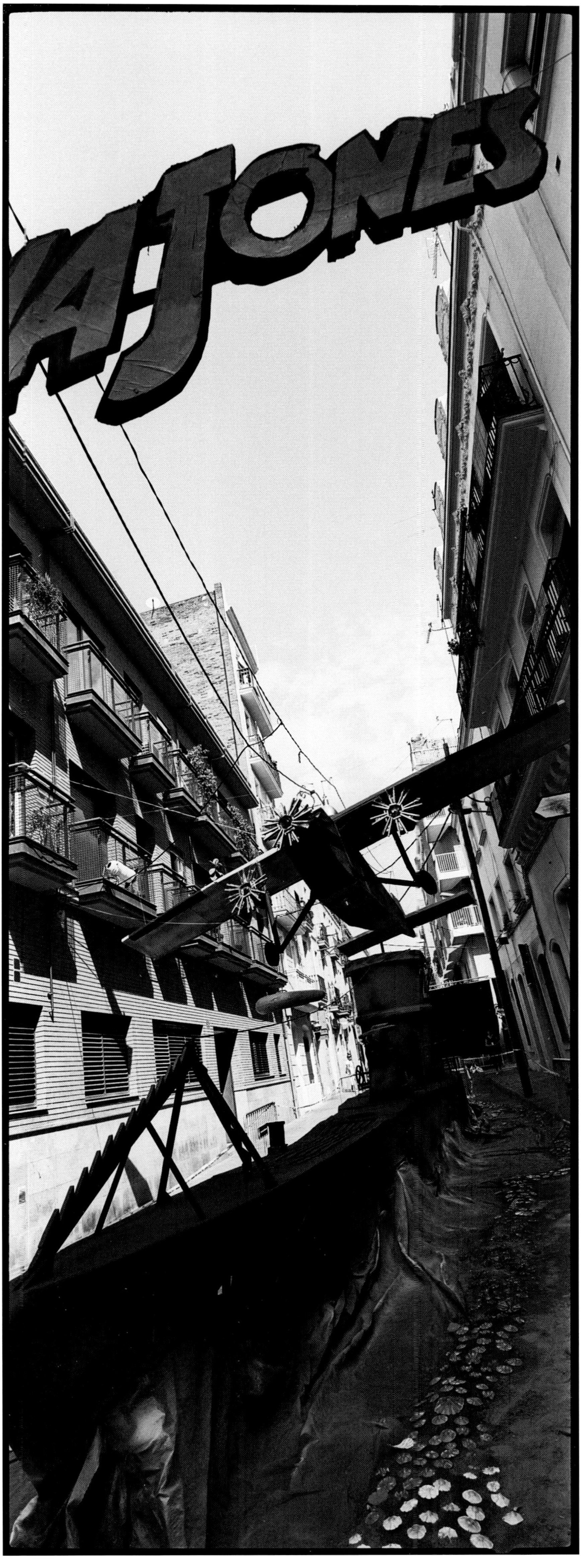
JONES

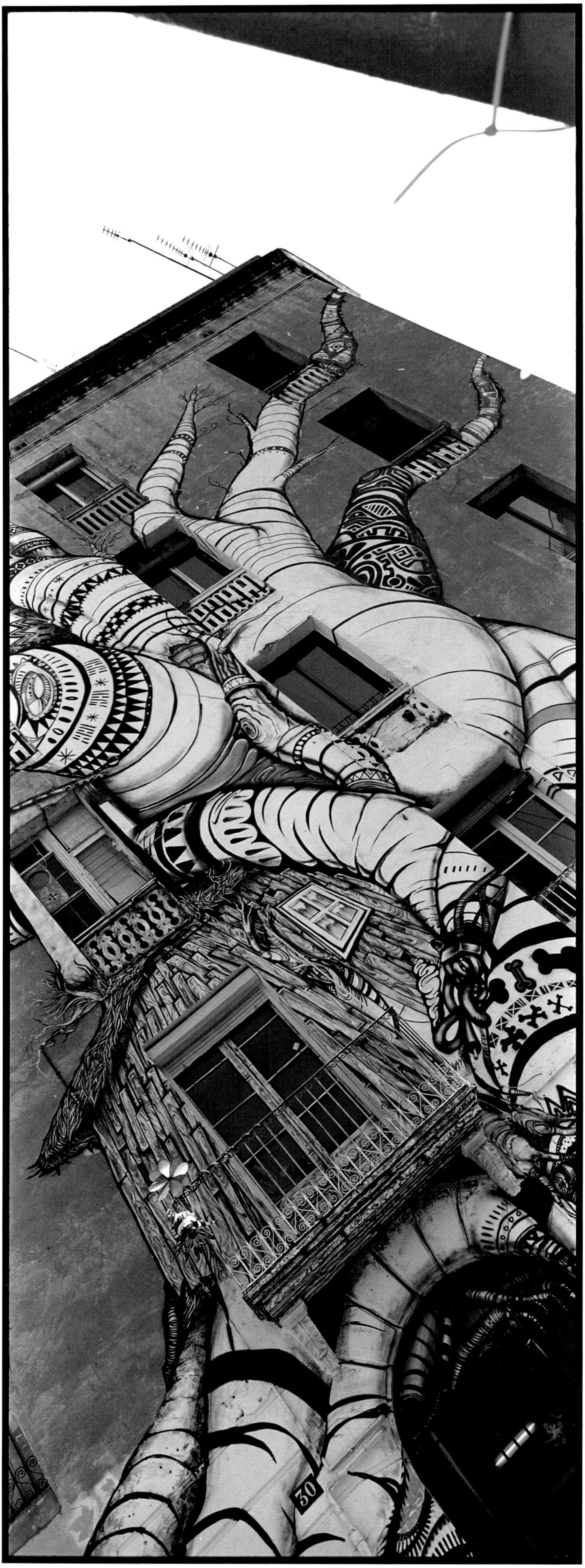
30

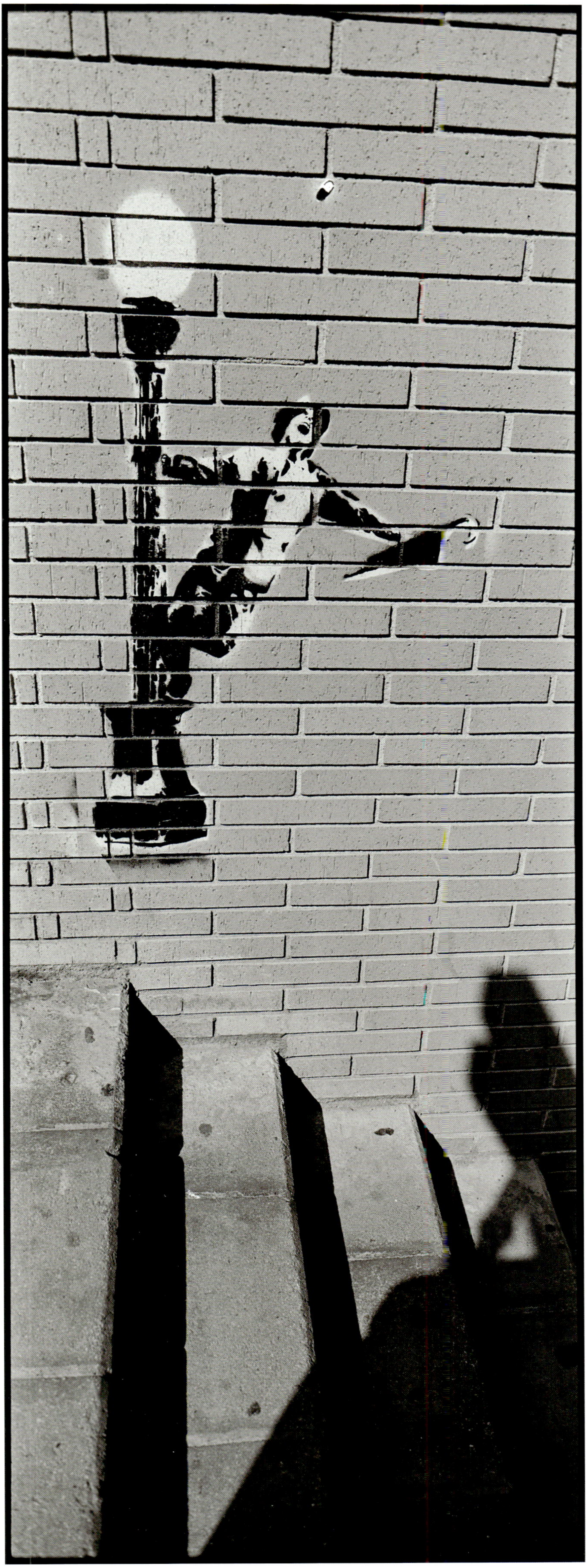

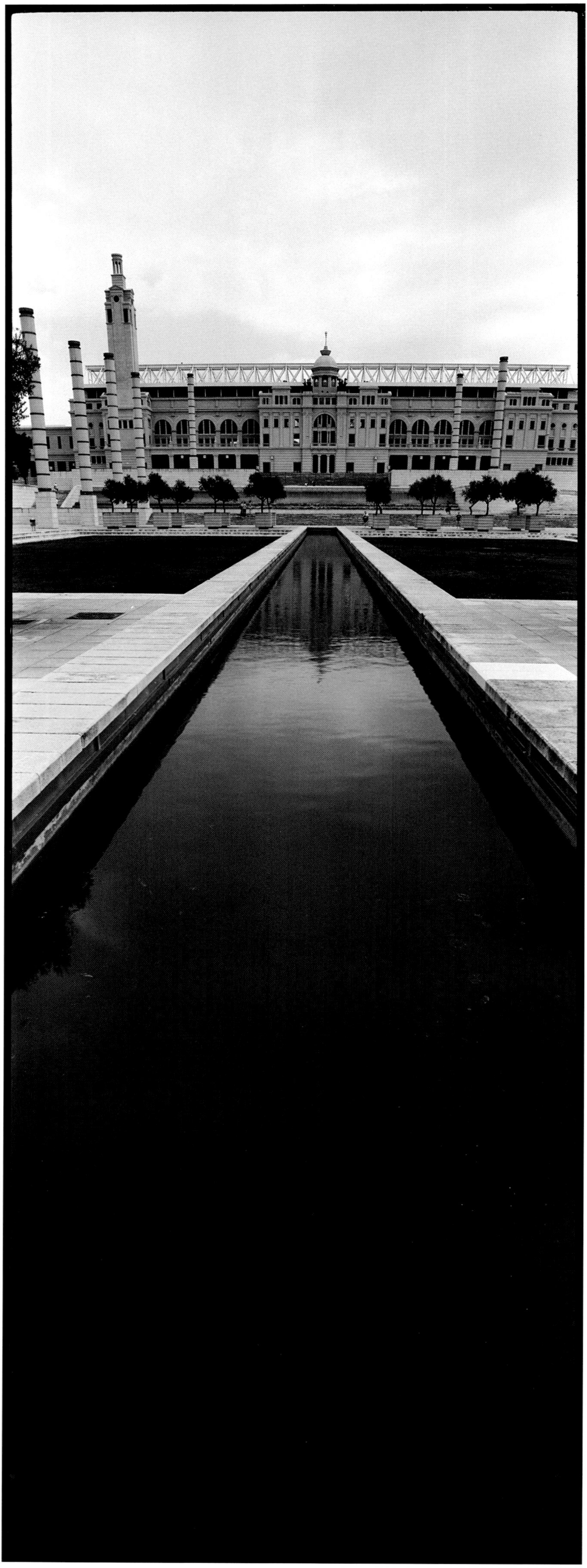

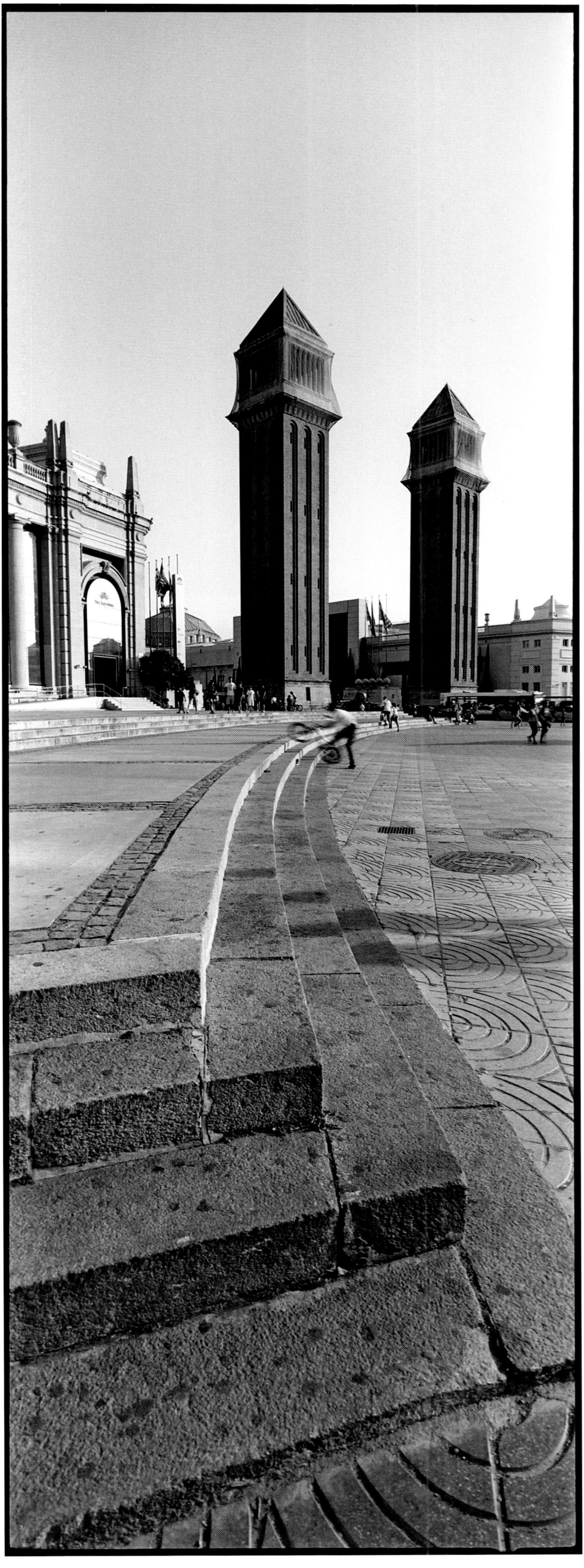

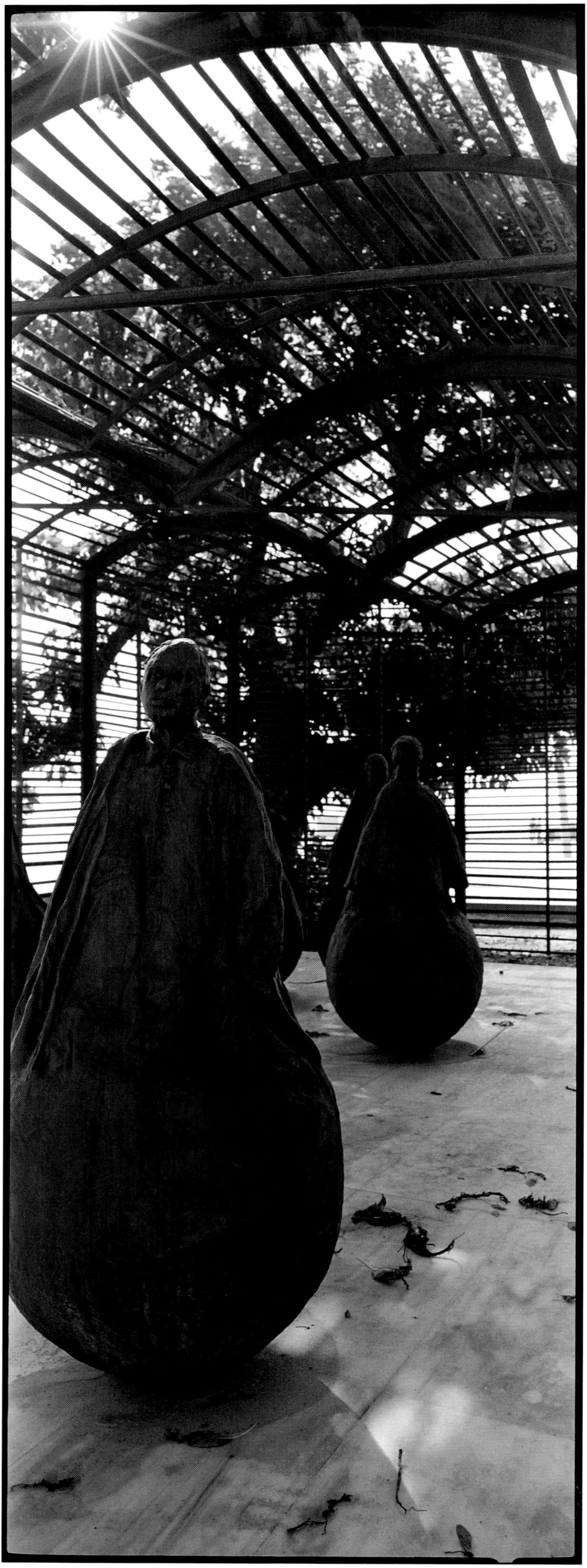

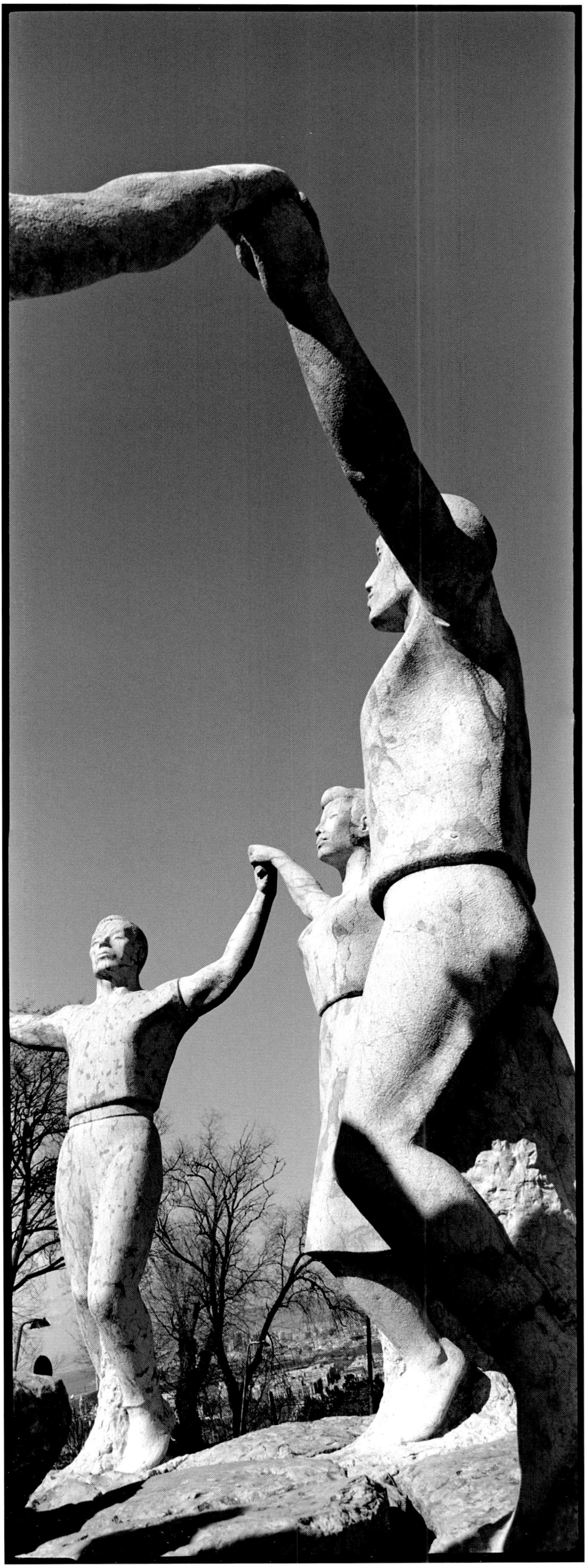

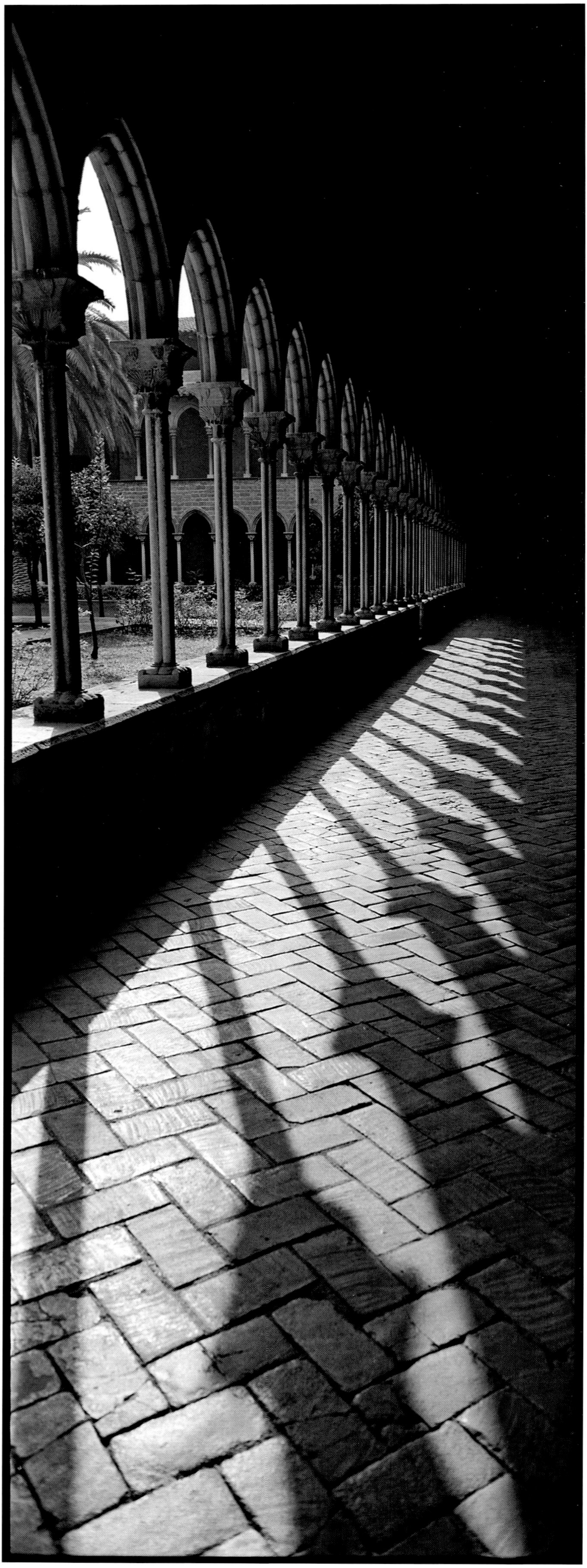

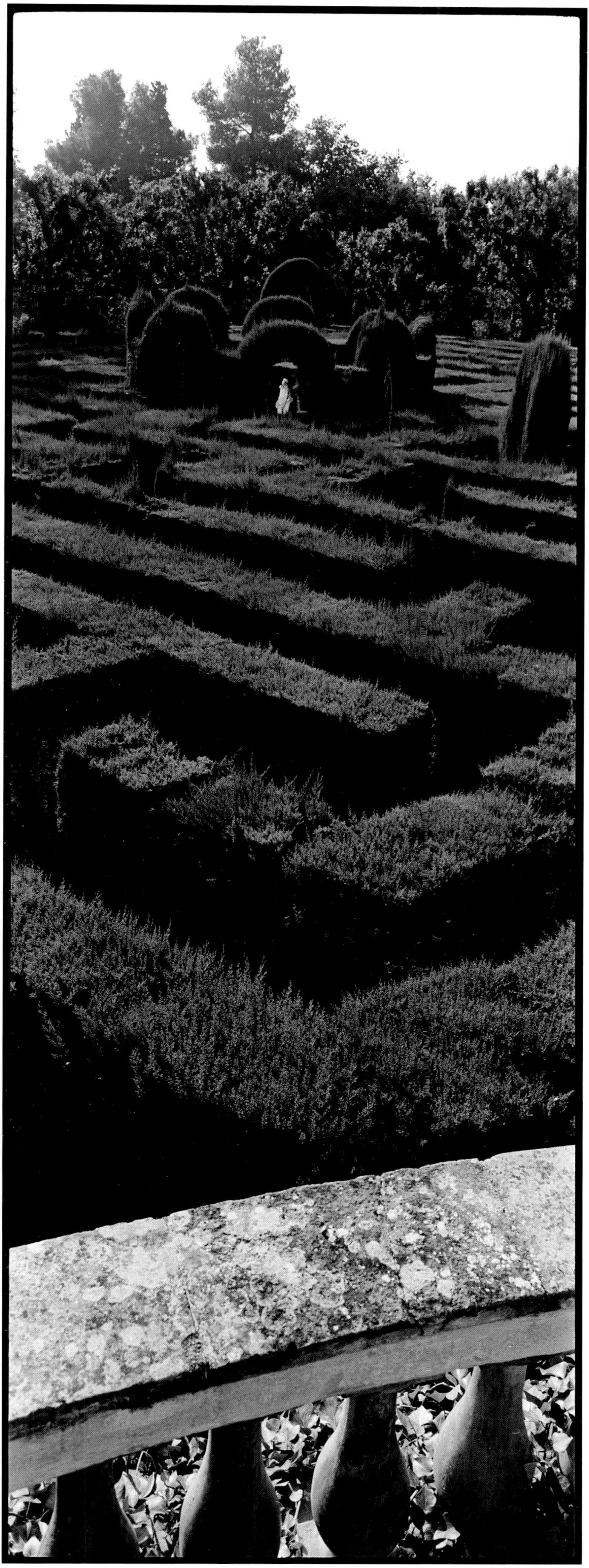

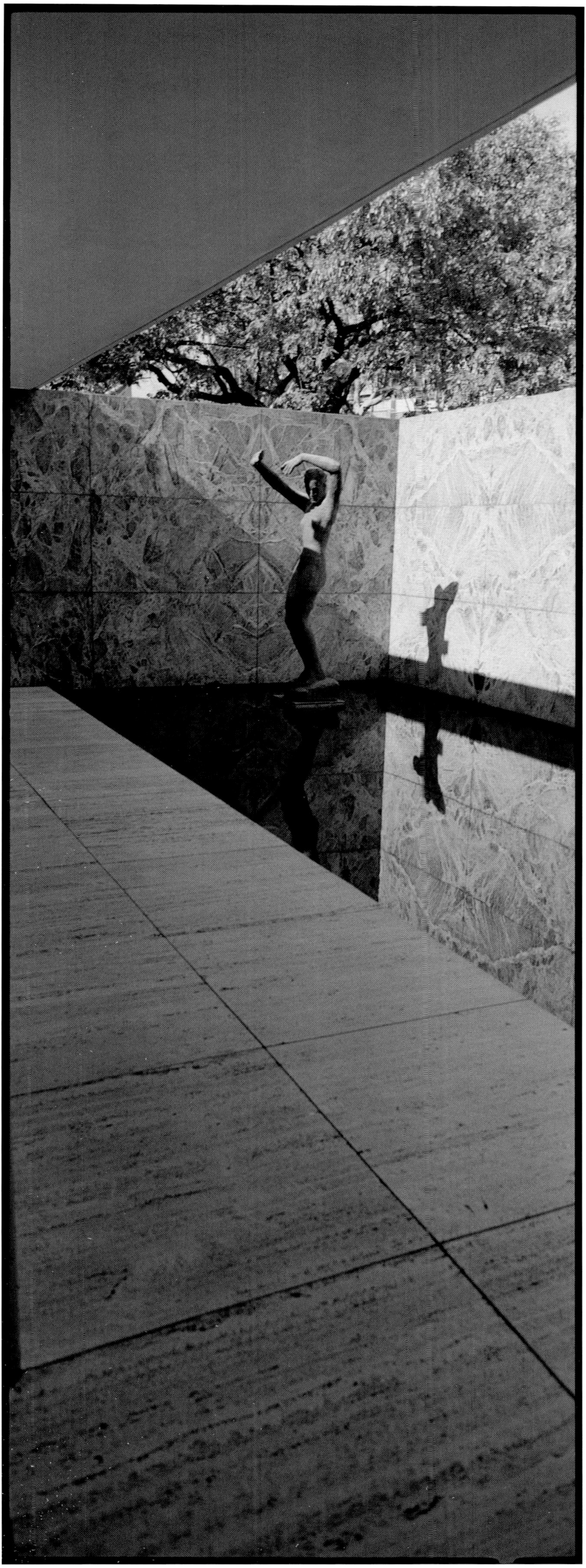

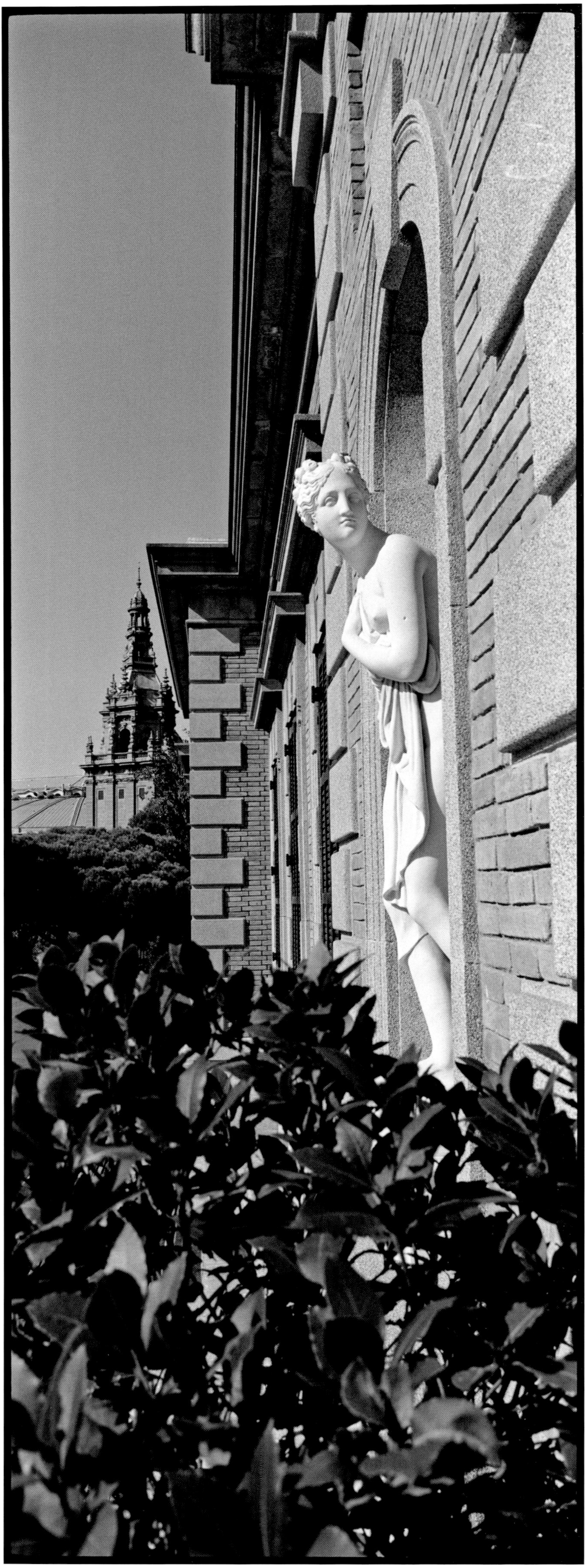

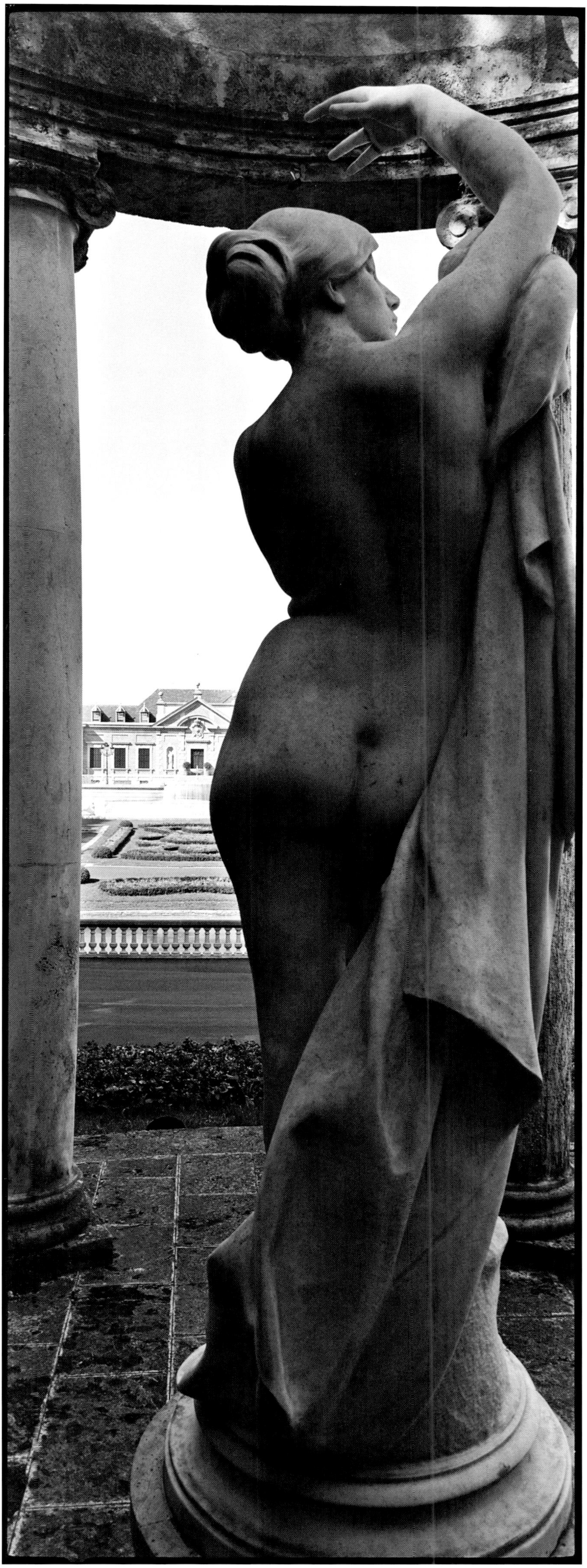

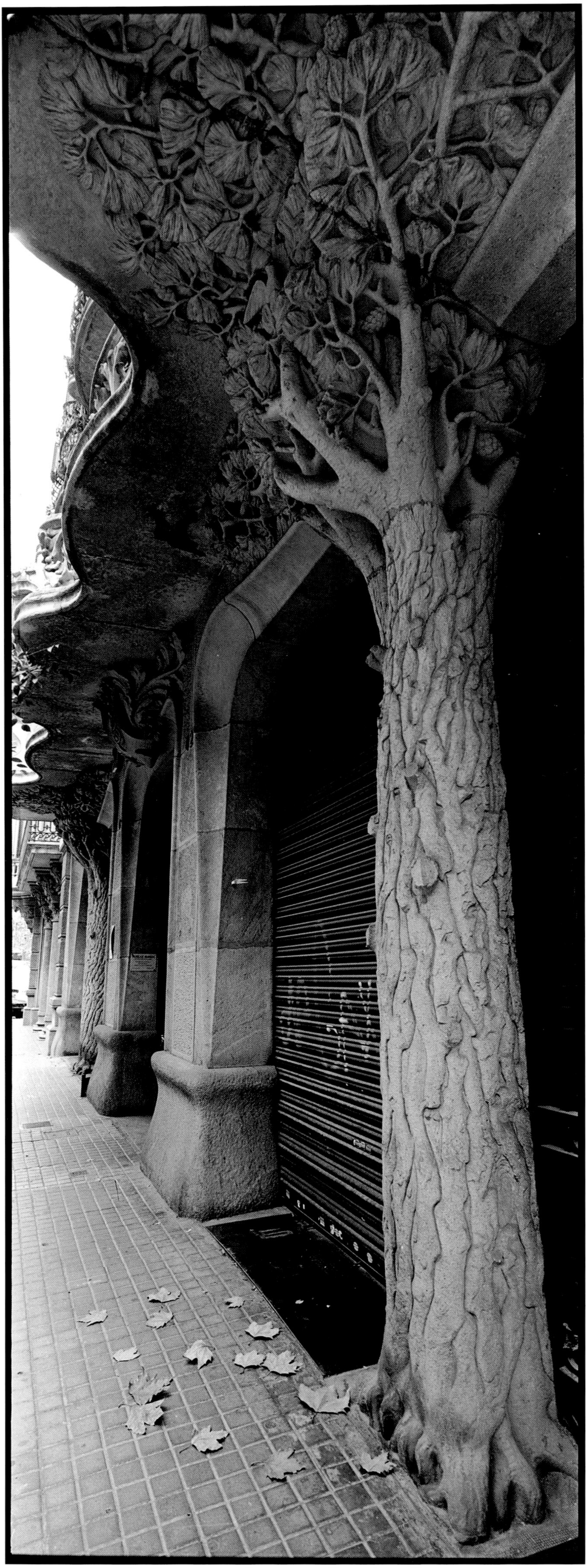

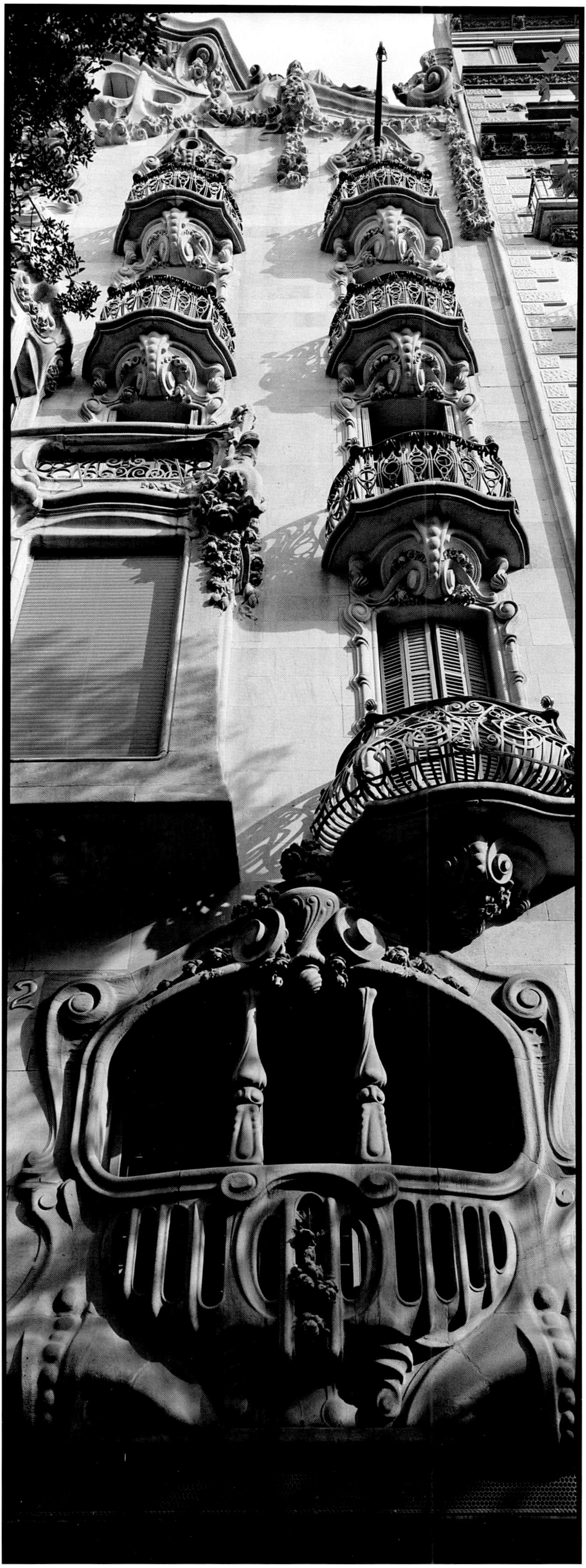

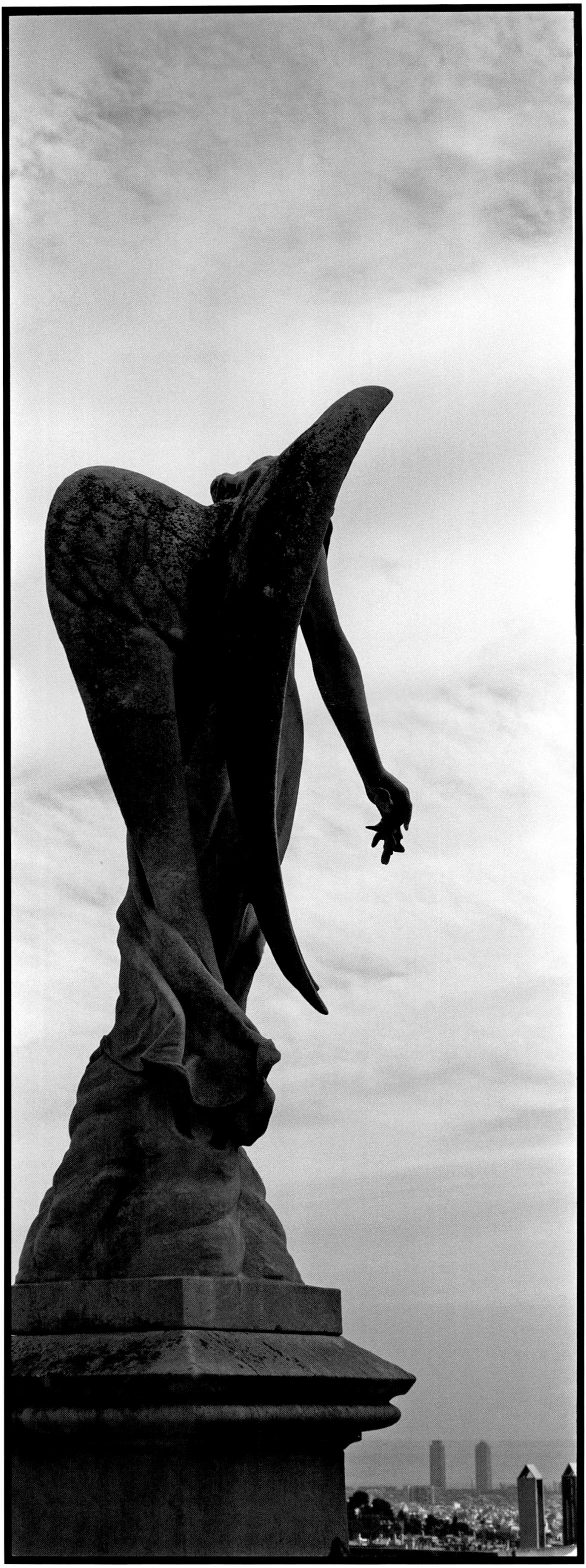

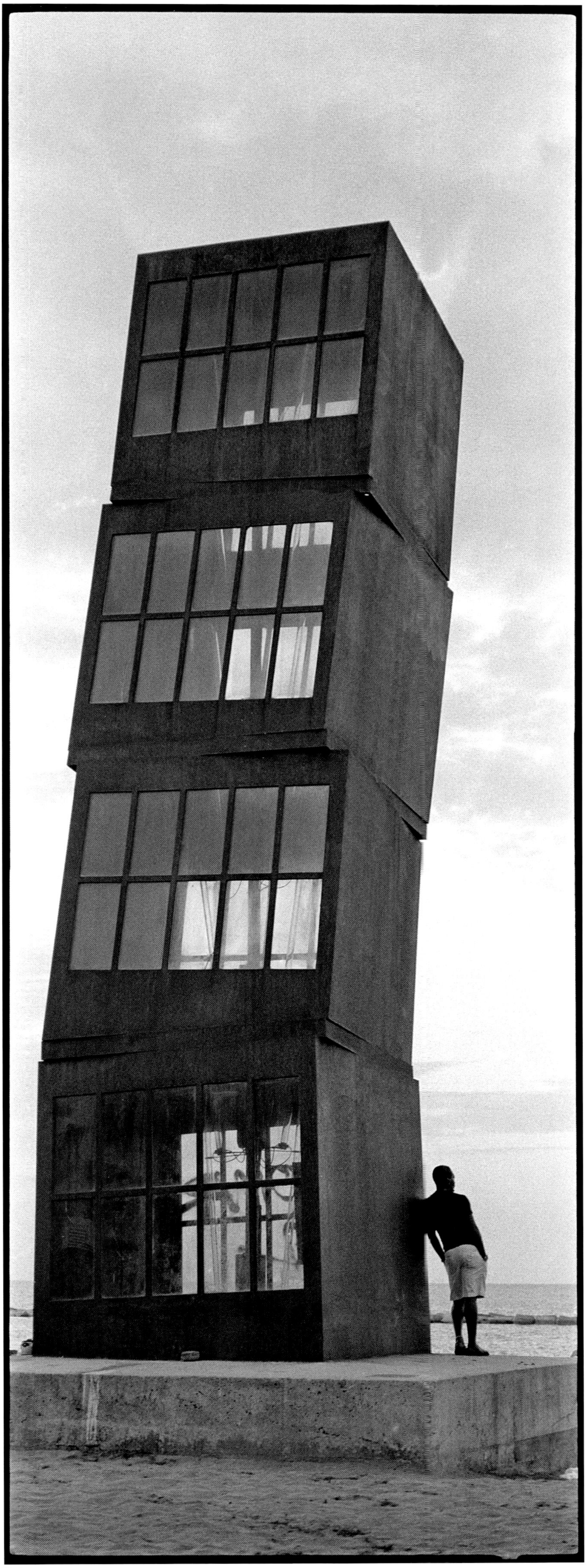

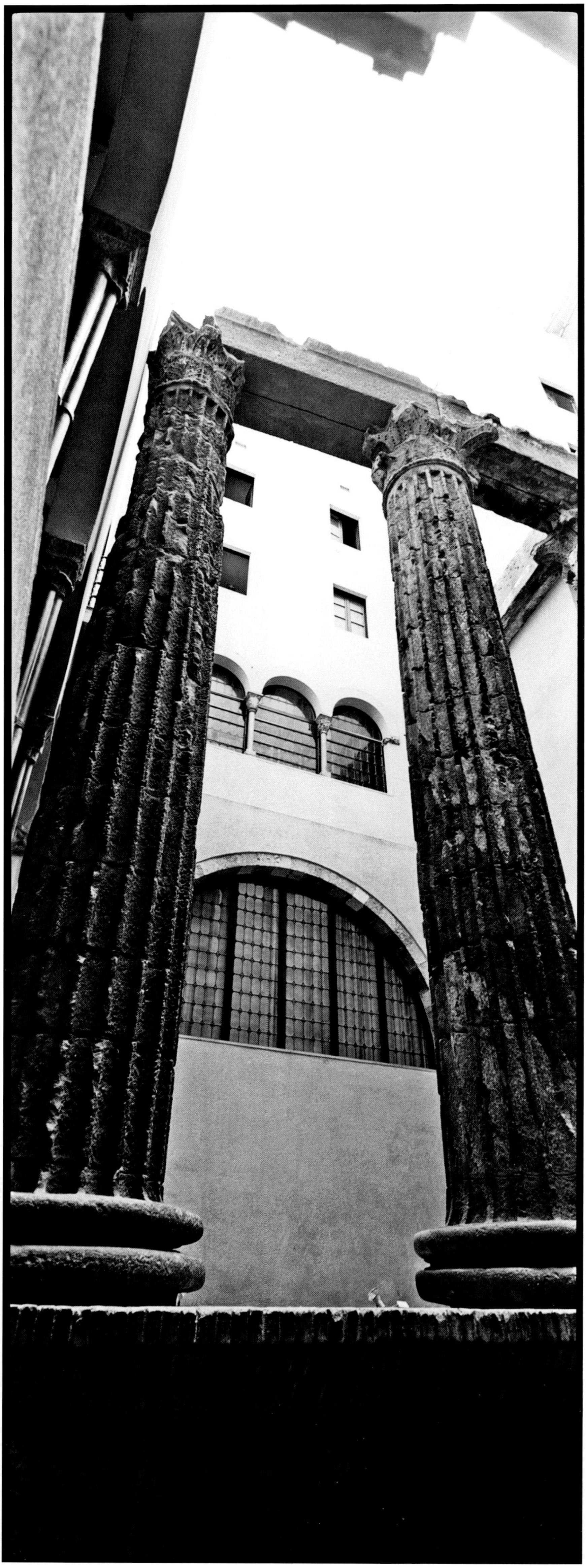

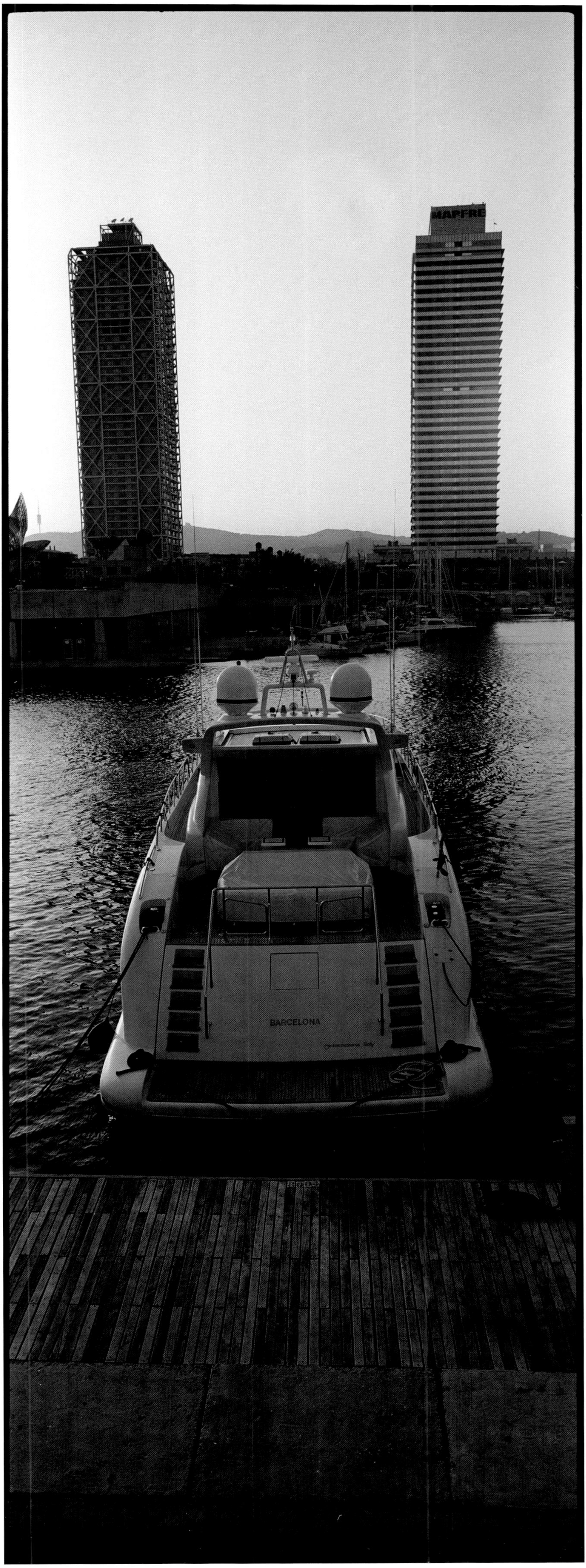
MAPFRE
BARCELONA

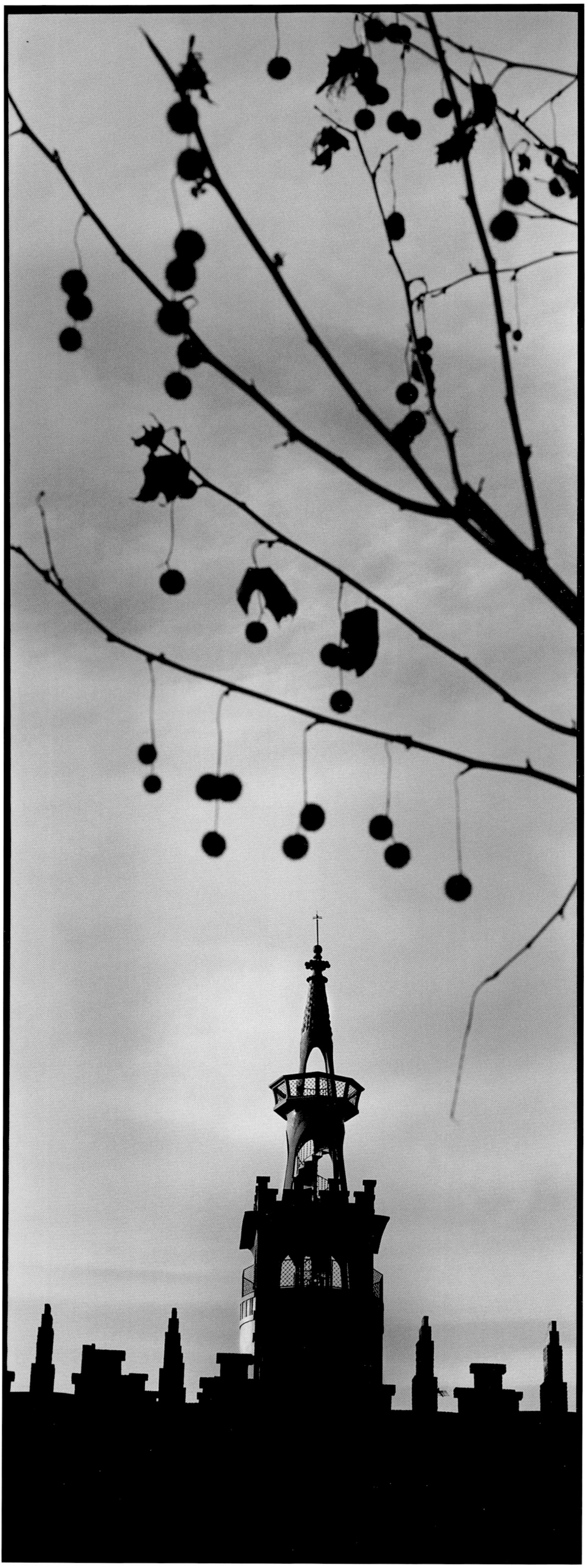

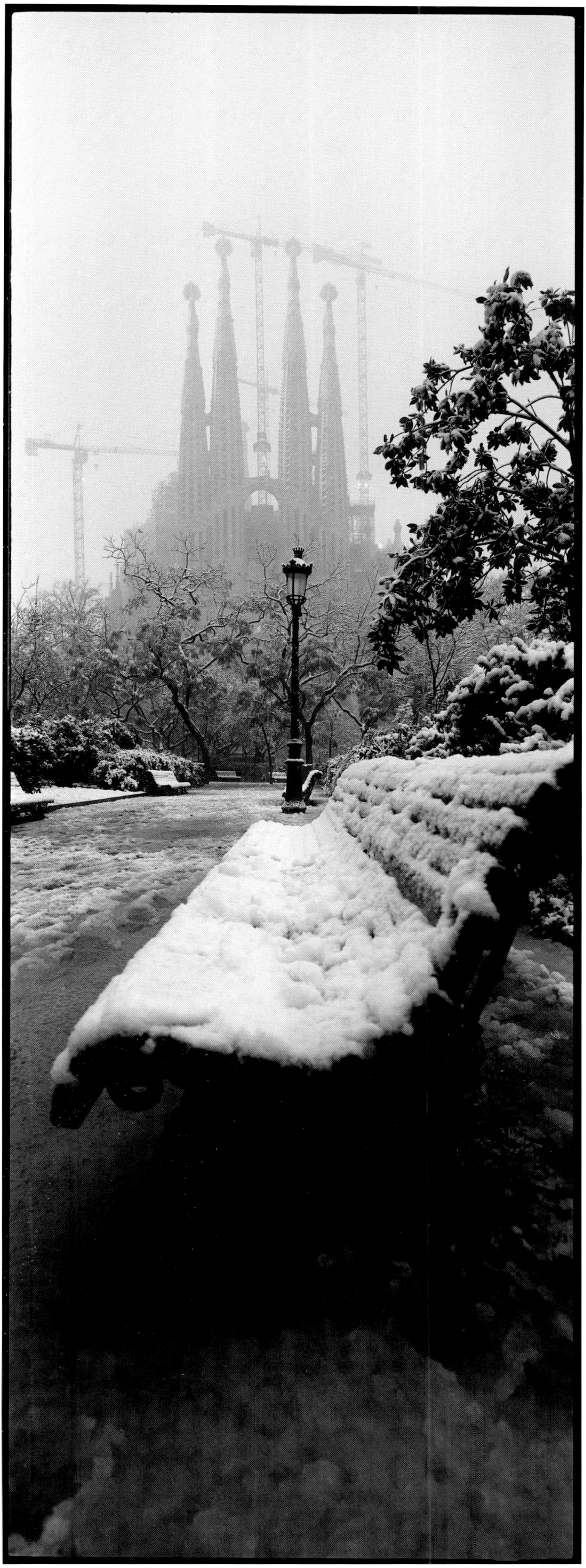

català

El panorama vertical és el menys usat dels formats fotogràfics per la seva insòlita composició vertical i la complexitat tècnica d'exposar llums i ombres extremes en un mateix enquadrament. Actualment resulta a més el menys adequat per al seu visionat en les modernes pantalles horitzontals. Malgrat això, o potser per tot això, va acabar convertint-se en el format preferit de l'autor.

Les fotografies que formen aquest llibre apareixen tal com van ser creades utilitzant una càmera analògica de format panoràmic i pel·lícula Blanc i Negre de gra fi, i component-les en la càmera el moment de l'exposició, sense retallades ni reenquadrar. Les vores negres que apareixen en les imatges són els límits del negatiu fotogràfic. Les còpies en paper van ser elaborades personalment pel fotògraf en laboratori químic de forma artesanal. Més informació sobre la tècnica utilitzada i els originals gran format disponibles en la web: www.barcelonavertical.com

castellano

El panorama vertical es el menos usado de los formatos fotográficos por su insólita composición vertical y la complejidad técnica de exponer luces y sombras extremas en un mismo encuadre. Actualmente resulta además el menos adecuado para su visionado en las modernas pantallas horizontales. A pesar de ello, o quizás por todo ello, acabó convirtiéndose en el formato preferido del autor.

Las fotografías que forman este libro aparecen tal como fueron creadas utilizando una cámara analógica de formato panorámico y película Blanco y Negro de grano fino, y componiéndolas en la cámara el momento de la exposición, sin recortes ni reencuadrados . Los bordes negros que aparecen en las imágenes son los límites del negativo fotográfico. Las copias en papel fueron elaboradas personalmente por el fotógrafo en laboratorio químico de forma artesanal. Más información sobre la técnica utilizada y los originales gran formato disponibles en la web: www.barcelonavertical.com

english

Of all the formats, the vertical panorama is the most uncommon. Why this is may be attributed to both the vertical compositional challenge and extreme exposure balance within the same frame. Furthermore, it is a vertical format at a variance with the ubiquitous horizontal computer screens. Despite these reasons, or even for these very reasons, it has become the author's favorite photographic format.

All the photographs within this collection were composed on a true panoramic camera and exposed on fine grain B&W film without any cropping or alteration. The black border of the original negative film rebate has been included in the printing. Each frame was handprinted onto silver gelatin-based fibre paper by the photographer using a traditional darkroom, as an integral part of the process in search for the expression of his black and white vision. More information and limited edition photographic prints available through: www.barcelonavertical.com

français

Le panoramique vertical est le format photo le moins utilisé à cause de la difficulté de sa composition verticale insolite, ainsi que l'exposition correcte des lumières extrêmes au sein du même cadre. De plus, le panorama vertical est peu approprié pour être affiché sur les écrans horizontaux modernes. En dépit de toutes ces raisons, ou peut-être à cause d'elles, c'est devenu le format favori de l'auteur.

Les photographies composant ce livre ont été réalisées à l'aide d'un appareil photo panoramique argentique, et exposées sur film noir et blanc à grain ultra-fin. Les bords noirs apparents dans le livre sont en fait les limites des négatifs photographiques car les images n'ont été ni découpées ni recadrées. Les tirages grand format sur papier argentique, agrandis à la main par le photographe, lui ont permis d'élaborer l'essentiel de sa vision noir et blanc. Plus d'informations concernant le processus suivi et les tirages argentiques grande taille disponibles sur: www.barcelonavertical.com

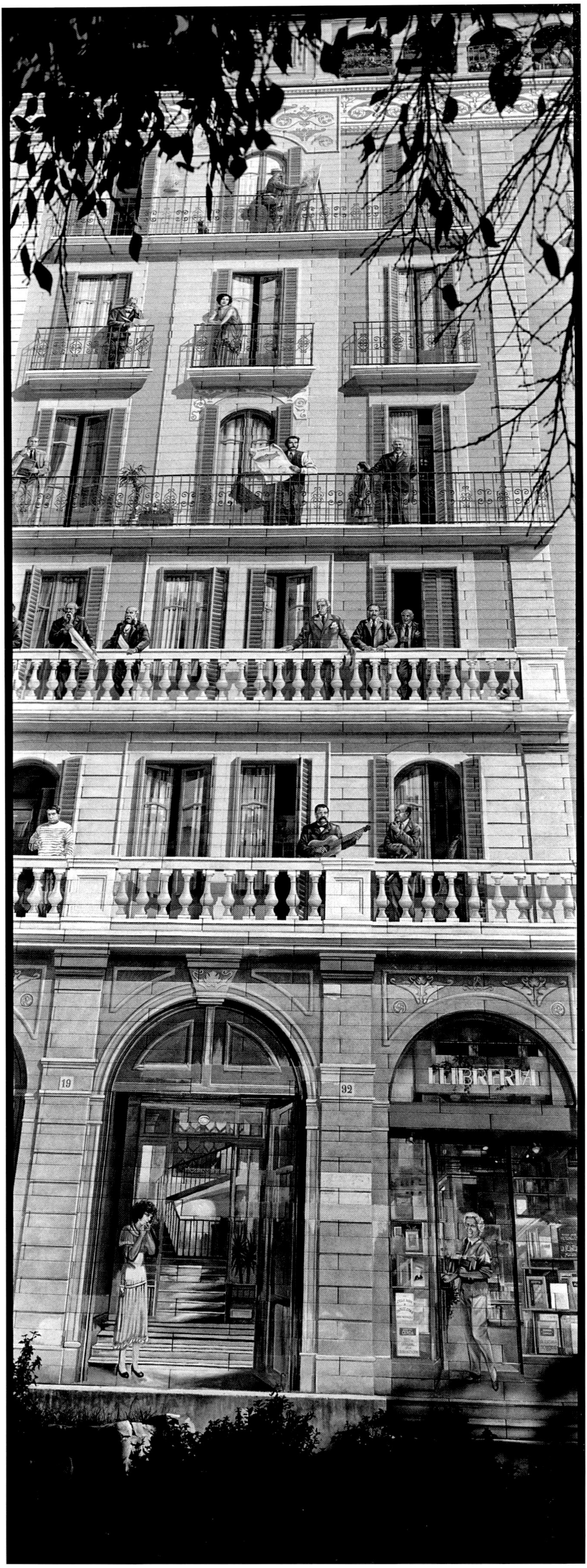
19
92
LLIBRERIA

Agradecimientos: Alex Telese, Ferran Gras, Albert Padrol, Lluis Permanyer Lladós, Paz Marrodán, Imma Planas, Massimo Failutti, Eva Ribas Teixidó, José Perez Freijo, Pep Durán, Corrie Allaert Vandevenne, Elisabeth Julliot, Pilar Vendrell, Jordi Gomis, Ausias Acarin, Tim Rudman, Nuria Ramírez Navarro, Xisco, Lena Wiget, Francisco Javier García, David Oliveras, Helmut Hirler, Jose Delgado, Erin Purtle, Sebastià de Arpí, Pep Durán, Michael Mueller, Miquel Sales, Marie-Joseph Allaert, Josep Martín, Nicole Patchell, Oriol Felip, Edith Allaert Bertin, Virginia Arroyo, Clare Doane, Gorka Roke, Oscar Barón, Consol Ferrer, Janina Canet y en especial a mis amigos los fotógrafos RJ Lam, Miquel Piqué y a Laura por su apoyo.

www.barcelonavertical.com

Fotografía, edición y textos © Søren Berenguer

Diseño y maquetación: Ferran Gras

Impresión: Brizzolis, arte en gráficas

ISBN: 978-84-617-2350-8
Depósito legal: B 23702-2014

El papel utilizado para la impresión de este libro es cien por cien libre de cloro y está calificado como papel ecológico.